HIGHLIGHTS NAMIBIA

DIE 50 ZIELE, DIE SIE GESEHEN HABEN SOLLTEN

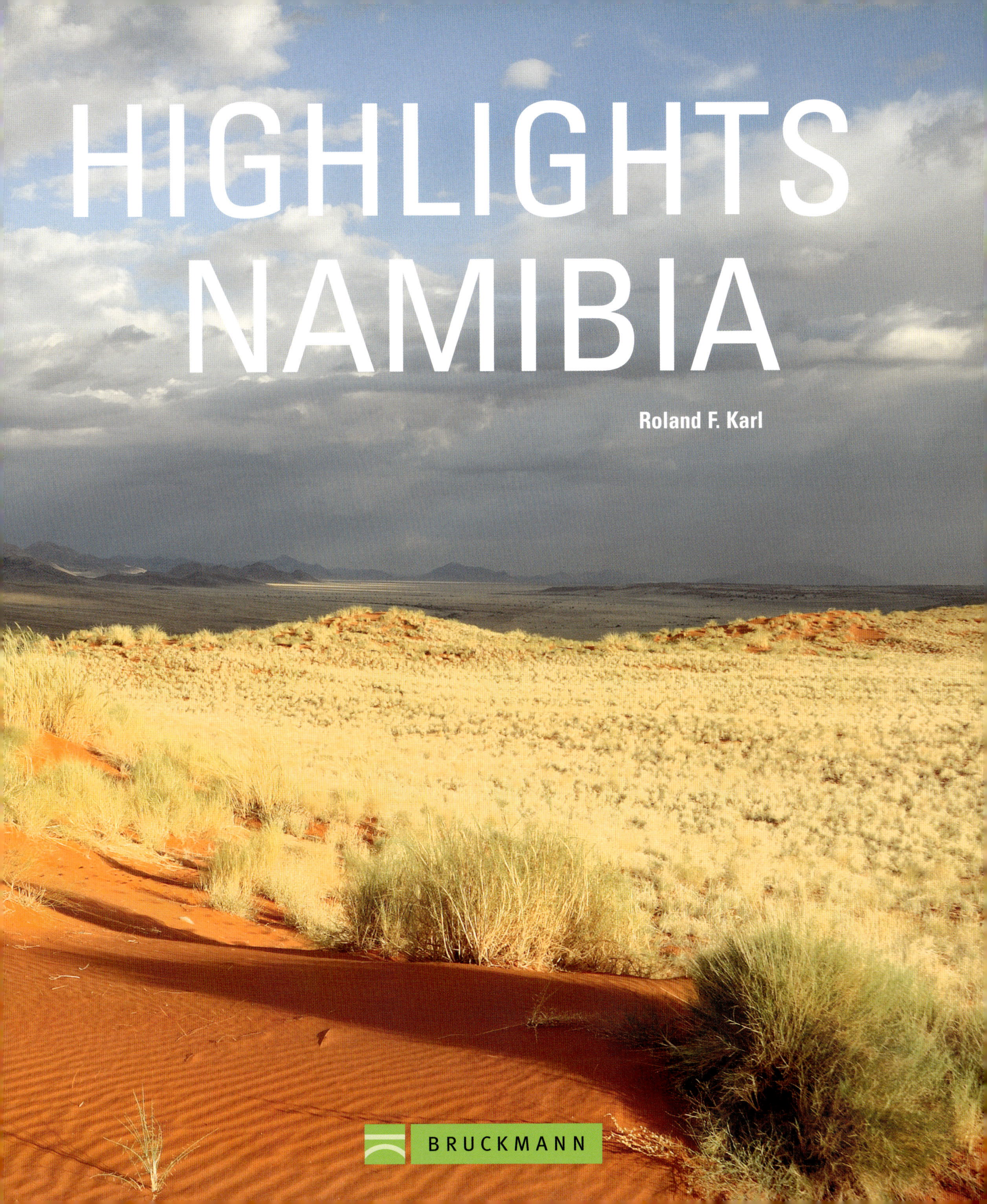

HIGHLIGHTS NAMIBIA

Roland F. Karl

BRUCKMANN

Die Kontraste Namibias zeigen sich nirgends deutlicher als in der Region der Skelettküste, wo heiße Wüste und kühle Küste dicht beieinander liegen (ganz oben und Mitte) und deutscher Kolonialstil sich wie hier in Swakopmund (oben) bestens erhalten hat.

Inhaltsverzeichnis

Traumland Namibia – Zwischen Atlantik und Wüste 12

Windhoek, Khomas-Hochland & Erongo 18

1 Windhoek 20
2 Hofmeyer Walk 24
3 Township Katutura 26
4 Fliegen auf Eros 28
5 Desert Express & Co. 32
6 Zwischen Wellness und Wildtieren 34
7 Okahandja 36
8 Karibib 37
9 Omaruru 38
10 Usakos 39
11 Jagdfarmen 40

Zwischen Etosha-Salzpfanne und Damaraland 44

12 Tsumeb, die Minenstadt 46
13 Waterberg Plateau Park 50
14 Grootfontein 52
15 Etosha National Park 54
16 Damaraland – »The Place of God« 58
17 Namibias Bergwelten 60
18 Felsiges Weltkulturerbe 64
19 »Rhino Tracking« in Palmwag 68

Im Refugium der Himba 70

20 Expeditionen ins Niemandsland 72
21 Im Flusstal von Purros 76
22 Sesfontein 78
23 Epupa-Wasserfälle 79
24 Okahirongo River Camp 80

25 Kunene River Lodge 81

26 Bei den Himba am Kunene River 82

Verfrorene Küsten 86

27 Die Skelettküste 88

28 Skeleton Coast Camp 92

29 Schoemans Safaris 96

30 Cape Cross 98

31 Jugendstilperle Swakopmund 100

32 Paradies für Golfer 104

33 Adrenalinschübe an der Küste 106

34 Walvis Bay – Bucht der Wale 108

Ab in die Wüste 110

35 Namib Naukluft National Park 112

36 Über die Pässe zur Namib 116

37 Über dem Sossusvlei 118

38 NamibRand Nature Reserve 120

39 Gondwana Desert Collection 122

40 Lüderitzbucht 126

41 Kolmanskop und das Sperrgebiet 130

42 Die wilden Pferde der Namib 135

43 Fish River Canyon National Park 136

44 Keetmanshoop 138

Namibias tropische Hotline 142

45 Der Caprivi-Streifen 144

46 Divava Okavango Lodge & Spa 148

47 Lianshulu Lodge 149

48 Susuwe Island Lodge 150

49 Ntwala Island Lodge 151

50 Endstation Sehnsucht: Victoriafälle 152

Register 158

Impressum 160

Elefanten kann man in jeder Region Namibias treffen, hier am Wasserloch im Etosha National Park (ganz oben). Der Fish River Canyon braucht den Vergleich mit dem Grand Canyon der USA nicht zu scheuen (Mitte). Die Himba in Kaokoveld leben noch wie ihre Ahnen (oben).

1 Windhoek
2 Hofmeyer Walk
3 Township Katutura
4 Fliegen auf Eros
5 Desert Express & Co.
6 Zwischen Wellness und Wildtieren
7 Okahandja
8 Karibib
9 Omaruru
10 Usakos
11 Jagdfarmen
12 Tsumeb, die Minenstadt
13 Waterberg Plateau Park
14 Grootfontein
15 Etosha National Park
16 Damaraland – »The Place of God«
17 Namibias Bergwelten
18 Felsiges Weltkulturerbe
19 »Rhino Tracking« in Palmwag
20 Expeditionen ins Niemandsland
21 Im Flusstal von Purros
22 Sesfontein
23 Epupa-Wasserfälle
24 Okahirongo River Camp
25 Kunene River Lodge
26 Bei den Himba am Kunene River
27 Die Skelettküste
28 Skeleton Coast Camp
29 Schoemans Safaris
30 Cape Cross
31 Jugendstilperle Swakopmund
32 Paradies für Golfer
33 Adrenalinschübe an der Küste
34 Walvis Bay – Bucht der Wale
35 Namib Naukluft National-Park
36 Über die Pässe zur Namib
37 Über dem Sossusvlei
38 NamibRand Nature Reserve
39 Gondwana Desert Collection
40 Lüderitzbucht
41 Kolmanskop und das Sperrgebiet
42 Die wilden Pferde der Namib
43 Fish River Canyon National Park
44 Keetmanshoop
45 Caprivi-Streifen
46 Divava Okavango Lodge & Spa
47 Lianshulu Lodge
48 Susuwe Island Lodge
49 Ntwala Island Lodge
50 Endstation Sehnsucht: Victoriafälle

ANGOLA
Kunene River
Okahirongo River Lodge
Epupa-Fälle
Kunene River Lodge
Ruacana
Serra Cafema
Ruacana Waterfall
Marienfluss
Hartmannberge
Kaokoveld
Schoemans Safaris
Opuwo
Skeleton Coast Park
Cape Frio
Skeleton Coast Camp
Purros
Sesfontein
Hoanib
Anmire Traditional Village
Namib-Wüste
Skelettküste
Möwe Bay
Torra Bay
Palmweg
Kamanjab
Uutapi (Ombalantu)
Oshakati
Oshikango
Ondangwa
Ovamboland
Etosha National Park
Okaukuejo
Halali
Namutoni
Rietfontein „Trekker" Monument
Oshivelo
Ombili Stiftung
Tsintsabis
Oshikoto Lake
Tsumeb
Otavi
Ghaub Caves
Hoba Meteorit
Grootfontein
Okatjoruu
Kavangoland
Nkurenkuru
Cuangar
Okavango
n'Kwasi Lodge
Rundu
Dirico
Nyangana
Omatako
Buschmanland
Kanovlei
Sikereti
Tsumkwe
Khaudom Game Park
Nyae Nyae Conservancy
Hereroland
Gam
Eiseb
Epukiro
Otjikondo
Mooihoek Caves
Outjo
Fransfontein
Versteinerter Wald
Khorixas
Verbrannter Berg
Twyfelfontein
Otjiwarongo
Waterberg 1857 m
Waterberg Plateau Park
Okakarara
Kalkveld
Damaraland
Ugab
Brandberg 2573 m
Uis
Daureb Craft Center
Omaruru
Sukses
Otjinene
Sommerdown
Harnas Wildlife Foundation
Epukiro
ATLANTISCHER OZEAN
Cape Cross
Spitzkoppe 1728 m
Usakos
Wilhelmstal
Okahandja
Karibib
Swakop
Gross Barmen Hot Springs
Henties Bay
Arandis
Khan
Wlotskasbaken
Swakopmund
Paradies für Golfer
Khomas-Hochland
Windhoek
Witvlei
Gobabis
Buitepos
Mamuno
Adrenalinsport
Walvis Bay
Kuiseb
Sandwich Harbour
KALAHARI
Kule
Lone Tree
Gamsberg Pass 2347m
Kuiseb Canyon
Rehoboth
Spreetshoogte Pass 1780 m
Solitaire
Rantberge
NAMIBIA
Leonardville
Wendekreis des Steinbocks
Namib Naukluft National Park
Naukluftberge
Kalkrand
Aranos
Anib Lodge
Stampriet
Tshane
BOTSWANA
Sesriem
Hardap Recreation Resort
Nossob
Sossusvlei
Maltahöhe
Mariental
Gochas
Lendepas
Wêreldend
Bossiesvlei
Gibeon
Witbooisvlei
War Memorial
Namib Rand Nature Reserve
Duwisib-Schloss
Schwarzrand
Fish River
Asab
Kgalagadi Transfrontier Park
Twee River
Brukkaros 1568 m
Helmeringhausen
Tirasberge
Namaland
Koës
Garas Quiver Tree Forest
Köcherbäume
Tshabong
Bethanien
Seeheim
Keetmanshoop
Aroab
Rietfontein
Molopo
Lüderitz
Kolmanskuppe
Aus
Goageb
Wildpferde in der Wüste
SÜDAFRIKA
Pomona Ghost Town
Diamond Area 1
Karasberge
Witputz
Fish River Canyon
Canyon Lodge
Grünau
Karasburg
Nakop
Rosh Pinah
Ais-Ais
Hot Springs
Warmbad
Augrabies Falls
Oranjemund
Noordoewer
Orange River
ANGOLA
Sioma Ngwezi National Park
Kwando
Luiana
Sambesi
Katima Mulilo
SAMBIA
Ntwala Island Lodge
Zambezi National Park
Caprivi Game Park
Susuwe Island Lodge
Ngoma
Chobe
Mambova
Kasane
Divava Lodge
Bagani
Caprivi
Lianshulu Lodge
Victoria Falls
Mudumu National Park
Linyanti
Lake Liambezi
Chobe National Park
Kazuma Pan National Park
Mahango Game Park
Okavango
Mamili National Park
Sang-wali
Sepupa
Okavango Delta
BOTSWANA
SIMB.
siehe Ausschnitt oben
Caprivi Game Park
Bagani
Okavango
Sankara
Sepupa
Gumare
Nokaneng
Ghanzi und Okavango-Delta
Highlights
Windhoek, Khomas-Hochland&Erongo
Zwischen Etosha-Salzpfanne und Damaraland
Im Refugium der Himba
Verfrorene Küsten
Ab in die Wüste
Namibias tropische Hotline
TANSANIA
ANGOLA
SAMBIA
MALAWI
MOSAMBIK
NAMIBIA
SIMBABWE
BOTSWANA
SWAZILAND
LESOTHO
SÜDAFRIKA
N
0
100 km
Befestigte Straße
Unbefestigte Straße
Sumpf
Salzpfanne
Nationalpark
Lodge

Traumland Namibia

Zwischen Atlantik und Wüste

»Auf unendlich langen Wegen sah ich Farmen, Busch und Stein.
Um Geparden zu erleben, stieg ich in die Naukluft ein.
Wüste sah ich, Wasserstellen, den Schakal, den Wüstenhund.
Ich sah Windhuk mit den Quellen und am Meere Swakopmund.
Was ich sah und was ich hörte, ob auf Farmen, ob im Veld,
was mich lockte und betörte, stammt vom Anfang dieser Welt.«
James Krüss, Südwestafrika

Zur weiten Savannenlandschaft des Etosha National Park gehören Zebras (ganz oben) ebenso wie Geparden und Termiten (rechts). Unvergleichlich sind Namibias Sonnenuntergänge wie hier im Wolwedans-Reservat (oben).

Hier ist noch ganz Wildafrika«, notierte der Geologe Georg Hartmann auf seiner Expedition durch Namibia um 1900, »Elefantenherden zu mehreren hundert Stück am Flusse; dazu Rhinozerosse, Flusspferde und Krokodile; Giraffen und Antilopen in der Steppe, dazu zahlreiche Löwen. In der Nacht verraten sich durch ihr Wolfsgeheul die Hyänen.« Hartmanns Stimmungsbild ist noch heute, nach über hundert Jahren, zutreffend. Als wäre die Zeit nicht vergangen, führt das Land mit einer Vielfalt exotischer Darsteller ein einzigartiges Bühnenstück auf: Schier unglaublich sind Namibias Kompositionen schnell wechselnder Farben, wenn der Sonnenball sinkt. Brillant der Schein funkelnder Sterne, wenn der Mond auf seine Reise über Namibias Wüsten geht. Die Horizonte sind hier, im ehemaligen Deutsch-Südwest, mehr als unendlich. Sie spannen sich über grandiose Landschaften, die statistisch gesehen eigentlich nur Flora und Fauna beherbergen – so wenig Zivilisation erfüllt die unfassbaren Weiten. Weshalb auf so wohltuende Weise die Wildnis das Leben bestimmt: In der tierreichen Etoshapfanne ebenso wie im hitzebrütenden Naturwunder Fish River Canyon, der gnadenlosen Skelettküste und den unzugänglichen Gebieten des Kaokovelds, wo im Kunene River gefräßige Nilkrokodile patrouillieren. Und dazwischen, auf Namibias niedlichen urbanen Bühnen, hat der Jugendstil seinen Auftritt.

Was für ein Klima!

Mit einer Fläche von 824 269 Quadratkilometern ist das Land zweieinhalbmal so groß wie Deutschland, hat aber kaum mehr Einwohner als Hamburg, 2,5 pro Quadratkilometer – und ist deshalb ein praktisch menschenleeres Territorium der wilden Akteure des afrikanischen Dschungelbuchs. Im Süden grenzt es an Südafrika, im Norden an Angola, im

Klare Linien und Farbkontraste verleihen dem Dead Vlei seine gefährliche Schönheit (ganz oben). Nirgends ist die Wildnis so nah wie beim Campen, hier im Etosha National Park (Mitte). Die Mittagsblume ist ein typischer Vertreter namibischer Wüstenflora, während Schakale (rechts) an der Küste und im Landesinnern Futter finden.

Osten an Botswana und mit seiner nordöstlichen Ausstülpung, dem Caprivi-Zipfel, an Simbabwe und Sambia. Die Längsausdehnung zwischen dem Oranje-Fluss im Süden und dem Kunene an der Nordgrenze zu Angola misst 1280 Kilometer. Vom östlichen Teil des Caprivi bis zum Atlantik im Westen sind es ein paar hundert Kilometer mehr. Durch diese Unermesslichkeit treiben Flüsse, wenn sie denn fließen, als Leben spendende Arterien durch das heiß gebackene Land. Ein Großteil des namibischen Staatsgebietes ist Hochland. Die meisten Siedlungen befinden sich auf durchschnittlich 1400 bis 1800 Metern Höhe. Der etwas feuchtere Norden reicht gerade mal für die Viehzucht, im trockneren Süden finden nur noch Schafe genug Futter. Im Osten flacht das Land bis auf 1000 Meter über dem Meeresspiegel ab, bevor es in die Kalahari-Wüste übergeht. Im Westen begrenzen bizarre Gebirgsketten die weiten Ebenen der Namib. Der meiste Regen fällt zwischen Dezember und März, im namibischen Sommer, den heißesten Monaten. Dann treibt es die Städter aus Windhoek mit Vorliebe an die kühlende Brandung der Küstenenklaven Swakopmund und Walvis Bay – zur erfrischenden Seebrise. Eine klimatische Kapriole bietet dagegen der namibische Winter, den Europäer bei trockener Luft und Tagestemperaturen um die 25 Grad Celsius als herrlich sommerlich empfinden, während nachts die Temperaturen leicht auf unter null absinken können.

Die Diamanten des Kaisers

Zu einer geschichtlichen Kapriole geriet die kurze Ära der Deutschen, die 1883 begann, als Heinrich Vogelsang im Auftrag von Lüderitz die deutsche Flagge aufzog. 1915 kam sie, nach der Kapitulation der Deutschen Schutztruppe, schon wieder herunter. Allerdings stellten die drei Jahrzehnte das damalige Südwest-Afrika nachhaltig auf den Kopf. Dazu zählen die Vernichtungsfeldzüge des Generals von Trotha gegen die Völker der Nama und Herero ebenso wie der Bau von Straßen, Brücken und Gleisen, auf denen heute noch immer Züge rollen. In der Folge reicher Diamantenausbeute brachten die »Kaiserdeutschen« wirtschaftlichen und technischen Fortschritt, die Vorboten einer funktionsfähigen, modernen Infrastruktur. Was heute dem wachsenden Reisesektor hilft, der mittlerweile 20 Prozent der gesamten Exportwirtschaft ausmacht. Zahlreiche Zug- und Flugverbindungen, ein vorbildliches Straßennetz, Übernachtungsmöglichkeiten vom Campingplatz über Wildlife-Lodges unterschiedlichen Standards bis hin zum Schlosshotel machen Namibia für Besucher zu einem kalkulierbaren afrikanischen Abenteuer.

Auf eigene Faust

Öffentliche Verkehrsmittel zu nutzen hat auch hier seinen Reiz. Reisebuslinien verkehren zwischen den größeren Städten Namibias sowie nach Südafrika und zu

Safari Lodges schaffen Komfort mitten in der Wildnis, hier »The Fort« im Etosha National Park (ganz oben). Purros ist die Heimat der Herero (Mitte). Kann es etwas Romantischeres geben als ein Candlelight Dinner mitten im Caprivi-Streifen (oben)? Zu einsamen Elefantenbullen hält man besser Distanz (rechts).

Auf dem Jagdpfad am Kwando River im Bwabwata National Park (ganz oben) kann man jederzeit ein Rhino treffen. Die Kinder sind in ganz Namibia kontaktfreudig (Mitte). Auf dem Waterberg Plateau nahe Windhoek kann man geführte Wanderungen unternehmen (oben).

den Victoriafällen. Eine der Verbindungen führt sogar quer durch den Namib Naukluft National Park, von Mariental bis nach Walvis Bay. Namibias Schienennetz hat eine Gesamtlänge von etwa 2500 Kilometern, die Züge der TransNamib erreichen von Windhoek aus alle größeren Städte.

Wer es nicht eilig hat, findet in der Bahn eine preisgünstige Reisemöglichkeit nach Fahrplan. Luxuszüge für Touristen sind der zwischen Windhoek und Swakopmund ratternde Desert Express sowie die südafrikanischen Luxuszüge Shongololo Express und Rovos Rail. Die schnellste Art, Namibias große Distanzen zu überbrücken, ist natürlich das Flugzeug. Air Namibia verbindet die größeren Städte, Hunderte kleinere Airstrips sind über das ganze Land verteilt, die von Charter-Airlines bedient werden.

Hartmanns »Wildafrika« lässt sich aber auch kinderleicht im eigenen Wagen durchfahren, denn mit über 42 000 Kilometern unterhält Namibia das am besten ausgebaute Straßennetz des Kontinents! Auch wenn in manchen Regionen wie im abgelegenen Kaokoveld geländegängige Fahrzeuge sowie Offroad-Know-how Voraussetzung sind, lassen sich die meisten namibischen Strecken mit normalen Pkws bewältigen. Trotz Linksverkehr und Rechtssteuerung ist Namibia aufgrund seiner geringen Verkehrsdichte für Selbstfahrer weitgehend unproblematisch: Aber natürlich besteht auch hier Anschnallpflicht, und der Gebrauch eines Handys am Steuer ist aus naheliegenden Gründen verboten. Wer mit einem Elefanten oder einem Nashorn zusammenprallt, fährt nirgends mehr hin.

WEITERE INFORMATIONEN

Namibia Tourism Board
Schillerstr. 42–44, 60313 Frankfurt am Main, Tel. 069/13 37 36 0,
Fax 069/13 37 36 15, info@namibia-tourismus.com; www.namibia-tourism.com

Deutsch-Namibische Gesellschaft e.V.
www.dngev.de

Air Namibia fliegt nachts nonstop von Frankfurt/Main nach Windhoek
www.airnamibia.de

Informationen im Internet
www.wheretostayonline.com
www.windhuk.diplo.de
www.namibia-botschaft.de
www.az.com.na (Tourismus)
www.nwr.com.na

Die wasserreiche Caprivi-Region im Nordosten Namibias ist ein Paradies für unzählige Vögel, zum Beispiel für Störche (links oben), während Löwen (oben rechts) die Etosha-Region bevorzugen. Der grandiose Fish River Canyon im Süden ist der zweitgrößte Canyon der Erde (links unten).

Ein Traumblick über die nächtliche Hauptstadt Windhoek (rechts) und Impressionen des Tages: die katholische Kathedrale St. Mary's (ganz oben), ein Souvenirhändler in der Nähe der Christuskirche (Mitte), Antilopen direkt vor der Stadt (oben).

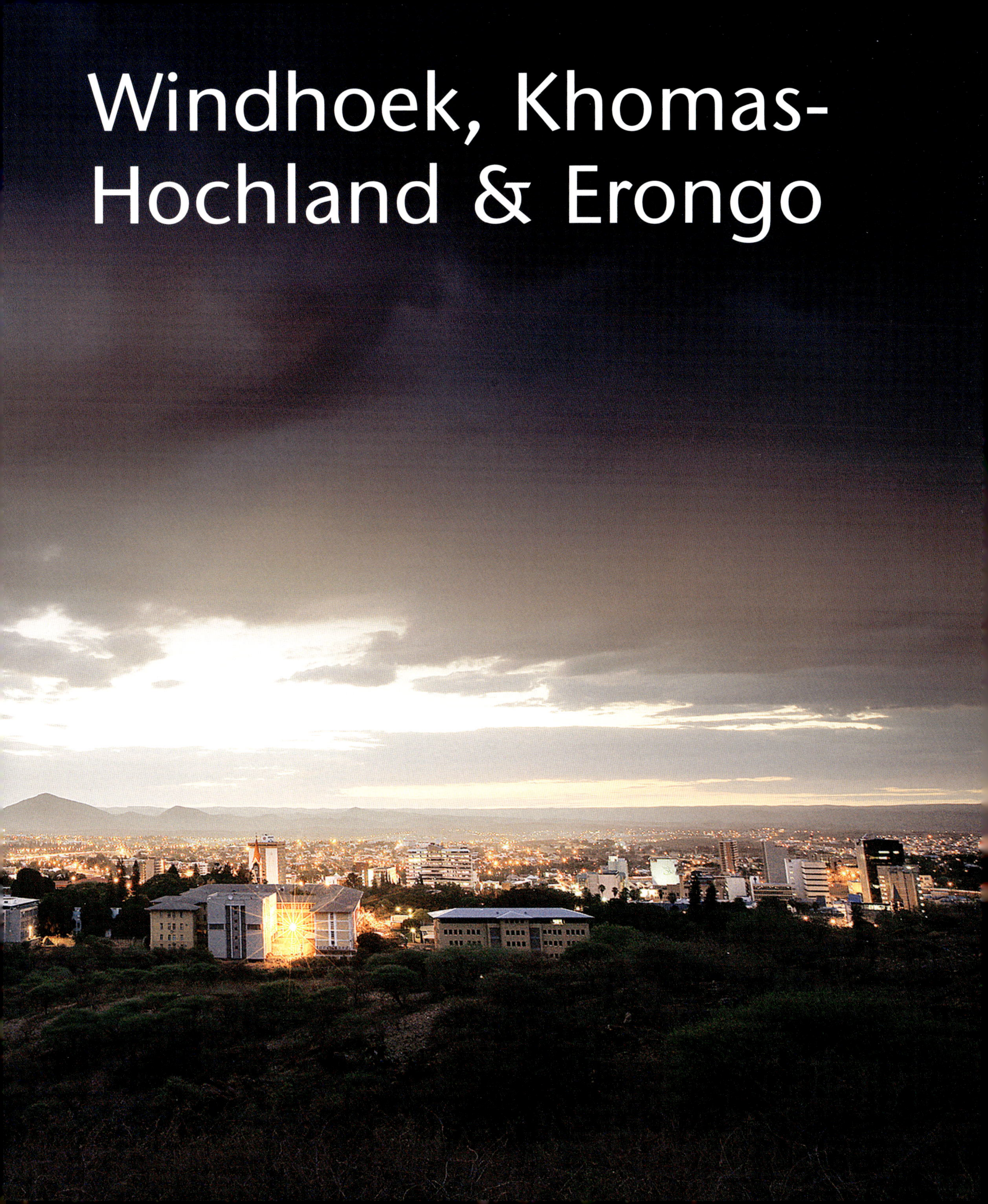
Windhoek, Khomas-
Hochland & Erongo

Nur zehn Minuten Fußweg von der urdeutsch anmutenden Fußgängerzone entfernt hat man von Christuskirche und Reiterdenkmal aus einen fantastischen Blick über die Stadt (rechts). Die erste verfassungsgebende Konferenz in der alten Turnhalle (links oben) lenkte auch die Zukunft der Herero-Frau (oben).

1 Windhoek

Namibias Metropole im Hochland

Namibias wirtschaftliches, kulturelles und politisches Zentrum liegt auf 1650 Metern Höhe und überrascht mit einem angenehm trockenen Klima zwischen 16 und 34 Grad Celsius im Sommer und 6 bis 22 Grad Celsius im Winter. Alle politischen und wirtschaftlichen Fäden sind in der Metropole übersichtlich verknüpft – ohne Windhoek geht nichts, selbst das Bier des riesigen Landes kommt aus der Hauptstadt.

Eine bessere Lage hätte der aus Südafrika eingewanderte Hottentotten-Anführer Jan Jonker Afrikaner kaum finden können, als er zu Beginn der 1840er-Jahre mit seiner Siedlung »Klein Winterhoek« den Grundstein für Namibias Hauptstadt legte: Reiche Wasservorkommen und die geografische Lage waren dafür ideale Voraussetzungen. Was auch die Deutsche Schutztruppe sogleich erkannte, als sie hier zu Beginn der Kolonialzeit ihr Hauptquartier aufschlug. Als Erstes wurde 1890 die »Alte Feste« errichtet, heute das älteste Gebäude der Hauptstadt. Nach dem Bau der Eisenbahnlinie zwischen Swakopmund und Windhoek avancierte die schnell wachsende Kleinstadt zum Verwaltungssitz von Deutsch-Südwestafrika, was einen ordentlichen Entwicklungsschub brachte. Keine andere Ansiedlung erreichte bislang auch nur annähernd eine wirklich urbane Dimension: Windhoeks City hat heute moderne Business-Standorte aus Marmor, Spiegelglas und Edelstahl, Verkehrsknotenpunkte für Schiene, Straße und Luftverkehr sowie eine stetig wachsende Einwohnerzahl. Offiziell ist die mit 300 000 angegeben; manche behaupten, es könnte inzwischen eine halbe Million sein. Mit Regierungs- und Parlamentssitz, der einzigen Universität des Landes sowie – nicht unwichtig – der einzigen Brauerei, spielt sich das wirtschaftliche, politische und kulturelle Leben ausschließlich hier ab.

Kolonialpaläste und richtige Burgen

Windhoeks architektonische Preziosen ziehen die Besucher magnetisch an. Dazu gehört der Tintenpalast (1913), entworfen von Gottlieb Radecker als Sitz der Hauptverwaltung von Deutsch-Südwestafrika. Seine kuriose Bezeichnung verdankt er dem spöttelnden Volksmund – in den Amtsstuben regierten nur Formulare und Tinte. Wobei die Hauptstädter gern anmerken, dass sich in dieser Hinsicht nur wenig geändert habe. Heute residiert dort das namibische Parlament. Nicht zu verpassende Foto-

exact!

Feinsten Jugenstil gibt es zuhauf, sogar richtige Burgen wie die Heinitzburg (Bild rechts oben). Dennoch kann Windhoeks urbane Architektur auch mit Moderne protzen, wie seine Skyline (rechte Seite unten) und das Gebäude des Obersten Gerichts (ganz oben) beweisen. Darunter: die Treppen zur Alten Feste.

stopps sind das Obergericht (1908), das Alte Magistratsgericht (1898), das Offiziershaus (1906), die Kaiserliche Realschule (1909) und das Wahrzeichen der Stadt, die 1910 als Friedenssymbol von Radecker erbaute evangelisch-lutherische Christuskirche. Gleich hinter dem typisch deutsch wirkenden neogotischen Kirchenbau – die kunstvollen Fenster wurden von Kaiser Wilhelm II. gespendet, die Altarbibel von Gemahlin Auguste Viktoria –, der nachts märchenhaft im Flutlicht über der Stadt steht, protzt das umstrittene Reiterdenkmal. Pferd und der deutschkoloniale Schutztruppenreiter sind aus Bronze und stehen selbstherrlich auf einem Granitblock. »Zum ehrenden Angedenken an die tapferen deutschen Krieger« lautet die Inschrift, »welche fuer Kaiser und Reich zur Errettung und Erhaltung dieses Landes waehrend des Herero- und Hottentottenaufstandes 1903–1907 und waehrend der Kalahariexpedition 1908 ihr Leben liessen.« Von den zahllosen Opfern unter den Hottentotten, Ovambos und Hereros ist nichts zu erfahren.

Kaiser Wilhelms Prachtstraße

Zentrum des städtischen Lebens ist Windhoeks Independence Avenue. Die Hauptgeschäftsstraße war bis 1990 berühmt als »Kaiserstraße«. Sie zieht sich vom Ausspannplatz, dem ehemaligen Rastplatz für Ochsenkarren, mitten durchs Zentrum und am Zoopark vorbei bis zur historischen »Turnhalle«, die 1909 von Otto Busch als Übungssaal für den Windhoek Gymnastic Club erbaut wurde. Neben anderen architektonischen Schönheiten stellt die ehemalige wilhelminische Prachtstraße drei ganz besondere Perlen der deutschen Jahrhundertwende aus, die der Südwestafrikaner Wilhelm Sander entworfen hat: Das Erkrath-Haus (1910), gleich daneben das Gathemann-Haus (1913), das der damalige Bürgermeister von Klein-Windhoek in Auftrag gegeben hat, und das Kronprinzen-Haus. Letzteres wurde als Hotel Kronprinz schon seit 1902 genutzt und 1920 im Auftrag des Windhoeker Kaufmanns Gathemann zum Geschäftshaus umgebaut. In der Post Street Mall breitet sich auf Klapptischen und Wolldecken das komplette afrikanische Souvenirsortiment aus: Armreifen aus Elefantenhaar, handgeschnitzte Rhinozerosse, Schachteln aus alten Telefonkabeln, Holzgiraffen und Kochlöffel mit hornverzierten Stielen sowie Silberschmuck und Halsketten aller Art. Die Chancen stehen nicht schlecht, dass sich so ein schwarzafrikanischer Straßenhändler freundlich als Wilhelm, Friedrich oder Gotthold vorstellt. Ganz selbstverständlich werden hier altdeutsche Vornamen mit afrikanischen Familiennamen kombiniert, wie der von Erenfried »Tjivi« Ndjoonduezu beweist. Erenfried hat es in die englischsprachige Tageszeitung »Namibian« geschafft, der Windhoeker Polizist Traugott Ngambe in die »Allgemeine Zeitung«. Unzählige Male schon fand sich ein Matheus Shikongo in beiden Gazetten vertreten, er war lange Zeit der Oberbürgermeister der Stadt.

Die Postille der Großväter

Von den sechs Prozent weißen Namibiern englischer, burischer oder deutscher Abstammung spricht nur noch ein Drittel Deutsch. Bei zwei Millionen Einwohnern bleiben aber immer noch

40 000 potenzielle Leser der seit beinahe hundert Jahren erscheinenden »Allgemeinen Zeitung«. Und: ausreichend Stammgäste deutscher Restaurants, Liebhaber deutscher Back- und Wurstwaren sowie deutscher Biersorten – und genügend Jecken für den Windhoeker Karneval. Kein Scherz, »et kütt, wo et kütt«, im Ernstfall auch mitten in Afrika. Natürlich wird das Spektakel live vom Deutschen Hörfunkprogramm übertragen und ist am folgenden Tag detailliert in der »Allgemeinen Zeitung« nachzulesen. Die AZ, wie sich die deutschsprachige Tageszeitung in Kurzform nennt, wurde 1916 als Informationsblatt zu den Entwicklungen des Ersten Weltkriegs gegründet und unter der mehrdeutigen Bezeichnung »Der Kriegsbote« verlegt. Drei Jahre später, nachdem Deutsch-Südwest unter südafrikanische Verwaltung gekommen war, erhielt das Blatt seinen heutigen Namen. Inzwischen ist die AZ auch online vertreten.
Die Papierausgabe wird in den meisten deutschsprachigen Haushalten Namibias gelesen. Die deutschen Gründerväter benannten ihre Straßen nach Bismarck, Mozart und Grimm und erbauten Prachtstücke wie die Schwerinsburg, die Sanderburg und die Heinitzburg, die heute als Luxusherberge fungiert.

»ROOMS WITH A VIEW« (ZIMMER MIT AUSSICHT)

Zum stilvollsten Domizil der Stadt hat sich die Nobelherberge »Heinitzburg« mit ihren drei Feinschmecker-Restaurants Knight's Room, Felsenkeller und Leo's at the Castle gemausert. Wer es nicht auf die Liste der Reservierungen schafft, kann sich auf der Burgterrasse eines traumhaften Ausblicks über Windhoek erfreuen, bei klassisch europäischer oder typisch afrikanischer Cuisine. Oder einem erlesenen Gläschen Wein vielleicht? Der im urigen Felsenkeller der altdeutschen Burg in 15 000 Flaschen reichlich vorhanden ist, wie die Eigner des Fünf-Sterne-Boutique-Domizils Beate und Jürgen Raith glaubhaft versichern. Das Hotel Heinitzburg in der Heinitzburg Street 22 hat nur 16 Zimmer und ist deshalb rechtzeitig zu buchen (www.heinitzburg.com). Fünf Sterne hat auch das brandneue Hilton Hotel (154 Zimmer), das in der City zusammen mit Casino und Boutiquen residiert.

WEITERE INFORMATIONEN ZU WINDHOEK

Windhoek Tourism Information Office,
Post St. Mall und Independence Ave.:
www.windhoekcc.org.na
Fortwährend aktuelle Berichterstattung in der Allgemeinen Zeitung:
www.az.com.na (Tourismus)

Der Zoo Park an der ehemaligen Kaiserstraße (rechts unten) liegt im Zentrum aller urbanen Aktivitäten: Die Post Mall Street, Windhoeks Fußgängerzone, liegt gleich um die Ecke, die Hauptpost gegenüber – und Boutiquen und Geschäfte finden sich überall.

2 Hofmeyer Walk

Wandern mit Blick auf die Hauptstadt

Den schönsten Ausblick über die Stadt bietet der einstündige Spaziergang auf dem »Hofmeyer Walk«. Der Schotterweg ist je nach Jahreszeit von leuchtend rot blühenden Aloen gesäumt und heißt seit einigen Jahren deshalb Aloe Trail. Ausgangspunkt ist die Ecke Sinclairstraße/Uhlandstraße, von dort geht es zügig auf eine Berghöhe, die den noblen Vorort Klein-Windhoek von der City trennt.

Vor dem Aufstieg taucht kurz die Autorin Margarethe von Eckenbrecher auf (*Was Afrika mir gab und nahm – Erlebnisse einer deutschen Ansiedlerfrau in Südwestafrika zwischen 1902 und 1936*): in Form der von-Eckenbrecherstraße, die von der Uhlandstraße abzweigt. Beeindruckend zeigen sich oben die Bergketten der Eros-, Auas- und Khomas Mountains rings um Windhoek. Beim sanften Abstieg Richtung Stadtmitte trifft man auf die bekanntesten Sehenswürdigkeiten: Windhoeks Wahrzeichen, die Christuskirche von 1907, danach das Reiterdenkmal, 1912 zum Geburtstag Kaiser Wilhelms II. feierlich enthüllt, und der »Tintenpalast«, ab 1913 Verwaltungssitz von Deutsch-Südwestafrika. Dort walteten preußische Beamte ihres Amtes, immer mit Blick auf den heimatlich-neugotischen Kirchturm, den heute ein Ensemble prachtvoll gewachsener Palmen verfremdet. Wie in Lüderitz haben auch hier Kaiser Wilhelm II. und Ehefrau Augusta die Kirchenfenster und eine schöne Altarbibel gestiftet.

Kulminationspunkt Zoo Park

Einen Steinwurf entfernt steht Windhoeks ältestes Gebäude, die »Alte Feste«, 1890 als Hauptquartier der deutschen Schutztruppe errichtet und heute die historische Abteilung des National Museum of Namibia. Nach der Ecke Independance Avenue/Fidel-Castro-Straße rückt Windhoeks Zoo Park ins Blickfeld, der das Anforderungsprofil eines modernen Stadtparks erfüllt: Von einer vor Palmen beschatteten Bank lässt sich das Treiben am Rand der ehemaligen Kaiserstraße gut beobachten, was zum Genuss der besonderen Art werden kann. Zudem lassen sich hier in Ruhe Postkarten schreiben, denn das Hauptpostamt ist gleich an der Ecke. Gegenüber stellen Erkrath-Haus, Gathemann-Haus und Kronprinzen-Haus deutsche Jahrhundertwende-Architektur aus, daneben beginnt mit der Post Mall Street die Fußgängerzone. Straßenhändler warten hier mit den typisch afrikanischen Standard-Souvenirs auf kauffreudige Kundschaft, doch nicht selten sind

die Geschichten, die sie erzählen, spannender als ihre Produkte. Für gehobene Ansprüche sind umliegende Boutiquen und Handicraft-Shops zuständig, und eine Reihe von Galerien stellen qualitätsvolle Arbeiten einheimischer Künstler aus. Gewebtes aus Karakulschafwolle hat seinen Wert, wie auch Mineralien und vor allem Edelsteine, die im »House of Gems« in Windhoek zu sehen sind.

Mit Stil – Lunchtime in Windhoek

Inzwischen ist es Mittag geworden, weshalb wir uns in die nahe gelegene Talstraße aufmachen, wo sich in der Alten Brauerei (Felsenkeller Brauerei, 1902) das »Namibia Crafts Centre« befindet. Nicht um weiter einzukaufen, sondern um zur Lunchzeit einen der begehrten Tische auf der Terrasse im ersten Stock zu ergattern. Auf dem Weg dorthin wird vor dem Carl-List-Haus die gastronomische Zielsetzung buchstäblich unterlaufen. Der Windhoeker »Bücherkeller« in der Fidel-Castro-Straße verführt unweigerlich zum Stöbern. Wir landen schließlich im Biergarten der »Alten Kaiserkrone«, Ecke Post Mall Street/Werner-List-Straße, bei frischem Kabeljau und einem frisch gezapften Windhoeker Pils vom Fass. Zur Wahl stehen neben anderen Restaurants noch das »O Portuga« (portugiesisch-angolanisch), »Luigi & the Fish« (Meeresfrüchte), das »La Marmite« (mit feinster Kochkunst aus Nordafrika) sowie das »Homestead« (vor allem Fleisch, von A wie Antilope über K wie Krokodil bis Z wie Zebra). Nach Schwarzwälder Kirsch und Bienenstich im »Gathemann's« stehen noch das Obergericht (1908), das Alte Magistratsgericht (1898), das Offiziershaus (1906) und die Kaiserliche Realschule (1909) auf dem Programm, bevor es dunkel wird. Etwas lauffaul geworden, verliert die Kultur haushoch gegen »Joe's Beer House« in der Nelson Mandela Avenue, wo namibische Wildtiere ausschließlich in der Pfanne landen und der Gerstensaft bis zum frühen Morgen fließt.

SCHMELZTIEGEL »NAMIBISCHE KÜCHE«

Drei Jahrzehnte deutscher Kolonialherrschaft haben dem modernen Namibia nicht nur Eisbein mit Sauerkraut hinterlassen sowie altdeutsche Kochbücher nebst Rezepten für feine Bäckerei- und Konditoreiwaren. Natürlich gehört im Land der Jäger und Sammler auch Wildfleisch zur landestypischen Cuisine, weshalb Filets von Kudu, Oryx, Elenantilope und Springbock auf anspruchsvollen Menükarten stehen. Ein Buschmannspieß aus Perlhuhn, Krokodil, Strauß und Zebra wäre für Einsteiger zum Testen vielleicht die richtige Wahl. Und dann der fangfrische Fisch: Bei 1500 Kilometer Küstenlinie werden Liebhaber von Kingklip, Kabeljau, Lachs, Schwert- und Butterfisch, Hai sowie Meeresfrüchten wie Garnelen, Langusten, Austern und Muscheln bestens bedient. Zu alldem kommen noch asiatische und burische Einflüsse sowie die namibische Küche mit dem »african style«.

WEITERE INFORMATIONEN ZU WINDHOEK

Abends ist das **Namibian Institute of Culinary Education**, das »Nice«-Trainingszentrum für namibische Chefköche, mit Bar, Showküche & Restaurantbetrieb der Luxusklasse in der Mozartstraße 2 die Top-Adresse: www.nice.com.na

3 Township Katutura

Windhoeks »Wonderzone«

Angesichts des beschaulich wirkenden Hauptstädtchens und seiner kleinen, aber feinen Wohnquartiere wie Auasblick, Hochlandpark, Kleine Kuppe und Klein-Windhoek stellt sich Besuchern schnell die Frage, wo die angeblich 300 000 Einwohner Windhoeks zu finden sind. Die Antwort ist einfach: zum großen Teil in Katutura, einer ursprünglichen Zwangssiedlung für Nichtweiße.

Auf südafrikanische Art auch Township oder Location genannt, ist Katutura die sichtbarste Hinterlassenschaft der südafrikanischen Besatzungszeit, die von 1920 bis zur Unabhängigkeit 1990 währte – mit den Konsequenzen einer menschenverachtenden Apartheid-Politik.

Am 10. Dezember 1959 erschoss die südafrikanische Polizei 13 Schwarze, die gegen Umsiedlungsmaßnahmen protestierten. Knapp zwei Jahre später, 1961, schaffte es der Fernsehjournalist Peter Scholl-Latour, ins neu geschaffene Eingeborenen-Getto von Katutura – in der Sprache der Ovambo »der Ort, an dem wir nicht leben wollen« – hineinzukommen. Eindrucksvoll hielt er fest, was für ein Bild sich ihm bot.

Leben im Getto

»Der Weg dorthin führte an der Beethoven-Straße, der Krupp-Straße, der Daimler-Straße vorbei. Die Township war durch hohen Stacheldrahtzaun abgesperrt. Bewaffnete weiße Posten nahmen strenge Kontrollen am Eingangstor vor. Neben den ›Men's Hostels‹, wo die schwarzen Arbeiter in festungsähnlichen Junggesellenquartieren zusammengedrängt wohnten, dressierten burische Polizisten ihre Schäferhunde. Besonders schockiert war ich durch die strikte Absonderung der unterschiedlichen Ethnien innerhalb der Location. Auf den bunt gestrichenen Holzhütten waren Buchstaben gepinselt: O für Ovambo, H für Herero, N für Nama, D für Damara, K für Kavango, die zweitstärkste Gruppe aus dem Nordosten. Die Afrikaner waren fein säuberlich geschieden, weil das angeblich dem eigenen Stammesbewusstsein entsprach und weil die Herero mit ihren ehemaligen Sklaven vom Volk der Damara nicht zusammenleben wollten.« Die brutale Erschießung der Demonstranten zog damals die Gründung der namibischen Unabhängigkeitsbewegung South West African People's Organisation (SWAPO) nach sich. Bei den Protestaktionen war auch Sam Nujoma zugegen, der spätere Führer

In Katutura schlägt das Herz Afrikas: Extrem freundliche Menschen täuschen über manche Härten, in einer Township zu leben, ebenso hinweg wie die Leckerbissen, die am Fleischmarkt auf dem Rost frisch zubereitet werden.

der SWAPO, der 1990 zum ersten Präsidenten des unabhängigen Namibias gewählt wurde. Das Apartheid-Relikt ist den Windhoekern geblieben.

Katutura Wonderzone

Aber viel hat sich verändert, was sich auch in der beinahe zärtlichen Verballhornung von Katutura zu Matutura – »der Ort, an dem wir gerne leben« – ausdrückt. Vor allem aber sind es vielfältige Programme von Regierung und Stadtverwaltung, die das ehemalige schwarze Elendsviertel mit verbesserter Infrastruktur, Schulen, Krankenhäusern und Sozialstationen zu einem beinahe regulären Stadtteil gemacht haben. Auch wenn diesen noch immer Welten von den anderen Wohnvierteln trennen. Mittlerweile steht Katutura bei Windhoek-Besuchen obligatorisch auf der Liste der Attraktionen. Was für manche zunächst vielleicht ein Gschmäckle hat, hinterlässt einen großartigen Eindruck: Im ehemaligen Zwangsgetto der Apartheid wohnt die afrikanische Seele der Stadt mit einer umwerfenden und farbenfrohen Kraft. Weshalb eine Reihe lokaler Tour-Unternehmer mit Firmenlogos wie »Face to Face« oder »Wonderzone« Reisegruppen aus aller Welt durch Katutura karrt. Highlights gibt es neben der ausgesprochenen Freundlichkeit seiner Bewohner in ausreichender Zahl. Zum Beispiel den »Soweto Market« mit seinem wuselig bunten Treiben, mit Obst- und Gemüseständen, Shops und Friseursalons, in denen sich die weibliche Katutura-Jugend fürs Wochenende stylen lässt. Hier sind vorallem jede Menge freundlicher Menschen zu finden, die mit dem Motto »lebe den Tag« gut klarkommen. Gleich nebenan auf dem Fleischmarkt wetzt der Metzger die Messer für die Open-Air-Schlachtung. Die jeweiligen Programme werden unter (www.namibweg.com/katutura-tours.htm) und www.africandesk-namibia.com/township-katutura.html angeboten.

NAMIBIA KLIMATISCH

Als Ganzes lässt sich Namibia klimatisch nur schwer beschreiben. Die nördlichen Gebiete an der angolanischen Grenze und im Caprivi sind subtropisch bis tropisch und werden zwischen Januar und März von einer heftigen Regenzeit heimgesucht. Die Atlantikküste präsentiert sich ganzjährig moderat mit 15 bis 25 Grad Celsius, was sie zu einer beliebten Feriengegend macht, besonders wenn zwischen Oktober und April weite Landesteile mit 35 Grad Celsius und mehr aufwarten. In der Trockenzeit zwischen April/Mai und September/Oktober, dem namibischen Winter, sind die Tage bei bis zu 25 Grad klar und warm, die Nächte kalt bis frostig. Diese Zeit gilt als beste Saison für die Tierbeobachtung, weil niederschlagsarme Perioden die Wildtiere an die Wasserlöcher treiben. Die schönsten Reisemonate sind der namibische Herbst und der Frühling mit angenehmen Tagestemperaturen von über 25 Grad und kühlen Nächten.

WEITERE INFORMATIONEN ZU WINDHOEK

Übernachten im sehr individuellen und stylischen **»Olive Grove Guesthouse«:** www.olivegrove-namibia.com, **Event-Website für die Hauptstadt »What's On Windhoek«:** www.whatsonwindhoek.com

Die Pilotin Marion Schubert wird gleich auf dem Airstrip der Wolwedans Lodge starten und nach Windhoeks Domestic Airport »Eros« zurückfliegen und namibische Wildlife-Szenen beim Anflug auf die urbane Skyline der Hauptstadt eintauschen (links).

4 Fliegen auf Eros

Ab in die Wildnis

Die 2250 Meter lange Runway mit den Koordinaten 22°37'10" südlicher Breite und 17°5'0" östlicher Länge verzeichnet 150 bis 200 Flugbewegungen pro Tag und über 50 000 im Jahr, was den ehemaligen internationalen Flughafen von Windhoek zu einem der umtriebigsten Airports im südlichen Afrika macht. Windhoeks Domestic Airport »Eros« vermittelt den schnellsten Kontakt zur Wildnis – und ist deshalb so aufregend.

Windhoeks Domestic Airport mit der verführerischen Bezeichnung »Eros« zeigt wartenden Passagieren gern, was gleich passiert. Dutzende Ein- und Zweipropellermaschinen stehen geparkt in Sichtweite eines putzigen Miniaturtowers auf dem Flugfeld. Eine Cessna 210 wird gerade beladen. Der Pilot checkt die Technik, die Kameras richten sich auf die anlaufenden Propeller, denn in wenigen Minuten geht es ab in die Wildnis. Über die Inlandsflughäfen Katima Mulilo, Rundu, Ondangwa, Walvis Bay, Swakopmund, Oranjemund, Lüderitz und Keetmanshoop sind die meisten der namibischen Highlights durch reguläre Flüge von der Hauptstadt aus zu erreichen. Hunderte Airstrips sind an exotischen Orten wie Sesriem, Hardap, Ais-Ais, Okaukuejo, Halali, Namutoni, Mile 72, Mile 108, Terrace Bay, Palmwag, Khorixas, Sesfontein und Popa Falls verstreut. Nur 16 von ihnen gelten als lizenzierte Airfields mit Tankstelle, alle anderen sind Landepisten im Nirgendwo. Oder, je nach Lesart, im Paradies.

Für Buschpiloten Routine

Vor allem das sind die Ziele unerschrockener Buschpiloten, die ihren Passagieren Zugang zu den entlegensten Flecken der Wildnis verschaffen. Einige der reizvollsten und unberührtesten Naturparadiese Namibias wie der nördliche Teil des Skeleton Coast Park sind ausschließlich per Lufttransport zu erreichen oder durch beschwerliche Offroad-Fahrten, weshalb eine ganze Reihe von Airlines Charterflüge, Fly-in-Safaris und Scenic Flights anbieten wie Wings over Africa, Skeleton Coast Safaris, Atlantic Aviation und Desert Air. Aus der Vogelperspektive zeigen sich Elefantenherden in Trockenflussläufen, halb im Sand versunkene Schiffswracks, wimmelnde Robbenkolonien am Atlantik, Barackengerippe verlassener Diamantenminen, abgelegene Himba-Krale, Zebra- und

Zweimal Cessna: einmal auf dem heißgebackenen Airstrip in der Nähe des Marienflusstals, Kunene, einmal am Rollfeld auf »Eros« in Windhoek. Nach dem Abheben sind für beide die Bilder gleich: Naturszenen ohne Ende aus der Vogelperspektive. Oben rechts: Pension Voigtland nahe Windhoek.

Antilopenherden. Der größte Teil der verwendeten Propellermaschinen sind sechssitzige Cessnas 210. Viele der meist jungen Piloten, die mit der Commercial Pilot's Licence (CPL) im Einsatz sind, fliegen die Strecken täglich und routiniert im Shuttle Service. So lassen sich schnell die erforderlichen 1500 Flugstunden erreichen, die für die höherqualifizierte Fluglizenz, die Airlines Transport Licence (ATP), Voraussetzung sind. Phillip Martan aus Pretoria ist einer von ihnen. Sein Tageseinsatz ähnelt einem Busfahrplan: 8.30 h Eros–Palmwag, 10.40 h Palmwag bis Terrace Bay, 11.15 h Terrace Bay–Purros, 12.15 h Purros–Palmwag (zum Auftanken), 13.30 h Palmwag–Windhoek International, 16.15 h Passagiertransfer von International nach Eros.

Zwischen Skeleton Coast und Wüste

Für ihn ist das Fliegen in Namibia eine besondere Herausforderung: Vier Jahreszeiten an einem Tag, sagt er, das Wetter wechsle alle 200 Kilometer. An der Küste erwischt dich der Nebel, im Inland ein Gewitter, in der Namib vielleicht ein Sandsturm. Er prüft den Reifendruck seiner Cessna, dann geht es ab in die Himmel über der Wüste. Bei einer Geschwindigkeit von 288 Stundenkilometern dauern 450 Flugkilometer bis nach Palmwag im Kaokoveld anderthalb Stunden. Pittoresk ziehen unten der Brandberg und der Hohenstein vorbei. Christo Roets, geboren im Caprivi, übernimmt Tage später die Strecke von Purros nach Serra Cafema an der angolanischen Grenze. Später will Christo wie die anderen natürlich die ganz großen Turboprop, Airbus, Boeing fliegen. Der Landeanflug auf Hartmanns Valley Airstrip am Marienflusstal gestaltet sich außerirdisch. Ein Landrover und eine Cessna der Schoeman-Familie, die seit zweieinhalb Jahrzehnten rustikale Expeditionssafaris im Kaokoveld und an der Skeleton Coast veranstaltet, stehen eingestaubt neben der Piste.

Air Force-Ausbildung – Geschlecht: weiblich

Den Rücktransport wird nach einigen Tagen Elsa van Rooyen aus Pretoria übernehmen. Ihren Traum vom Fliegen hat sie als Navigator in der südafrikanischen Air Force verwirklicht, jetzt ist sie eine von drei Pilotinnen der Charter-Airline Sefofane. Alle übrigen 17 Piloten bei Sefofane, der Wilderness-Airline, sind männlich. Die Frage »Who's the pilot?« hat sie beim Einsteigen schon oft gehört und nach der Antwort in verunsicherte oder gar entsetzte Gesichter geblickt. Nur einmal, sagt sie, hat sich ein männlicher Passagier geweigert mitzufliegen. Rund 40 Flugminuten sind es bis nach Opuwo, der Provinzhauptstadt der Kunene-Region, wo die Cessna betankt wird. Das gänzlich unattraktive Städtchen, in dem auch heute noch Himba-Eingeborene halbnackt zwischen traditionellen Krals und schmucklosen Betonbauten unterwegs sind, dient nicht nur Piloten als Tankstopp, sondern mit seiner Vier-Sterne-Lodge Opuwo Country Hotel, die wie eine Fata Morgana aus dem staubigen Land ragt, als Übernachtungsetappe für Überlandfahrer. Nach dem Start zeigt sich dann eine der reizvollsten Fahrstrecken Namibias aus der Vogelperspektive: Die Piste von Opuwo nach Sesfontein zieht sich jetzt

wie ein rotes Sandband durchs trockene Buschland, wechselt aber je nach mineralischer Beschaffenheit des Untergrunds immer wieder die Farbe. Ein paar Zwischenlandungen weiter setzt Elsa van Rooyen ihre Maschine nach einem traumhaften Himmelsritt sicher auf der Landebahn von Eros auf.

DO 27 A-1, 1959, Deutsche Luftwaffe

Vor der Reparaturhalle »Maintenance & Parts Trading« parkt eine Einmotorige mit der Kennung D-EBJS, die einst Eigentum der Deutschen Luftwaffe war. Das Typenschild liefert die Details: DO 27 A-1, 1959, Werk-Nr. 27-1003-604 Dornier-Werke Friedrichshafen Werke München. Bei der letzten Landung auf Eros zogen die beiden Bremsen unterschiedlich stark, der Dornier-Oldie hatte sich zweimal gedreht. Workshop-Manager Marco Biesemann, ein waschechter Swakopmunder, beschaffte die notwendigen Ersatzteile über Sammlerbörsen aus Deutschland: Höhenleitwerk, Randbogen, Benzinpumpe. Auch die Dornier-Werke können nicht helfen. Eigentümer und Pilot Alex Schmidt freut sich auf sein solides Fluggerät made in Germany und schätzt die guten Eigenschaften der DO 27 auf kurzen, unbefestigten Pisten. Vor allem aber ihre hervorragenden Langsamflugeigenschaften: Ist sie erst wieder fit und technisch einwandfrei, wird sie wieder ihre Runden drehen über Elefantenherden, Dünenfelder und verlassene Diamantenminen.

EINE NACHT IM »VOIGTLAND«

45 Kilometer sind es vom Windhoek International Airport bis in die Innenstadt. Ein pieksauberes Asphaltband durchschneidet die afrikanische Savanne, die hier aufgeräumter erscheint als anderswo auf dem Kontinent. In sanften Kurven führt die zweispurige Landstraße an Farm-Einfahrten vorbei, die sich »Sonnenhöhe« und »Finkenstein« nennen. Irgendwo biegt ein Sträßchen Richtung Hohenau, Paulinenhof, Hohenwarte und Binsenheim ab, dann kommt die Gästefarm »Voigtland« von Stephan Voigts und Gaby Krieger in Sicht. Das Haupthaus stammt aus dem Jahr 1900 und liegt idyllisch am Hang eines Hügels zwischen Bäumen versteckt. Nur 20 Kilometer sind es zum Flughafen – bestens geeignet für die erste und die letzte Nacht für Namibia-Besucher.
(www.voigtland.com)

WEITERE INFORMATIONEN ZU EROS

Fly-in-Safaris bieten zahlreiche Unternehmen an: www.naturefriendsafaris.com, www.dunehopper.com, www.sefofane.com.na sowie www.sunbirdtours.com
In Deutschland: Iwanowski's Reisen mit dem Programm »Wings over Namibia«, www.afrika.de

Schwer zu sagen, was mehr begeistert: das altehrwürdige Ambiente der Interieurs, hier des Rovos Rail, oder die Wildnis, die vor den Zugfenstern vorbeizieht: In Swakopmund werden die bombastischen Eindrücke erst mal am Tresen des Lighthouse-Restaurants mit einem frischen Hansa-Pils besiegelt.

5 Desert Express & Co.

Im Luxuswaggon durch die Namib

Wer die faszinierenden Wüstenlandschaften Namibias kennenlernen möchte und ein illustres Bahnabenteuer dazu, der muss auf dem Windhoeker Bahnsteig stehen mit all den anderen – in freudiger Erwartung. Bis der Pfiff kommt und der Ruf »All on board!« Wobei der Name »Desert Express« ungefähr das Gegenteil von dem suggeriert, was er ist: eine gemütliche Wüsten-Schnecke!

Zweimal pro Woche rumpeln die Waggons des exklusiven Desert Express aus dem Windhoeker Bahnhof, um eine abenteuerliche Zugreise in der verlangsamten Perspektive zu zelebrieren. Namibias Luxuszug braucht bei einer Geschwindigkeit von durchschnittlich 40 Stundenkilometern zwar 20 Stunden bis zur allseits beliebten Küstenstadt Swakopmund am Atlantik, dafür schaukeln seine Passagiere auf einer der tollsten Sightseeing-Routen erst gemächlich durchs zentrale Hochland, dann durch weite Savannenlandschaften, um auf dem letzten Teilstück der Strecke das Sandspektakel der Namib zu durchqueren. Natürlich finden auch Zwischenstopps statt, zum Beispiel zur Tierbeobachtung auf der Wildfarm Oropoko mit anschließendem Sundowner zum spektakulären Sonnenuntergang. Der Zug verbringt dann die Nacht im Ruhezustand auf dem Gleis bei Kranzberg. Die Weiterfahrt erfolgt am nächsten Tag in aller Frühe. Nach einem Stopp in beeindruckenden Sanddünengebieten, Kletterprobe inklusive, läuft der Desert Express am späten Vormittag dann im Swakopmunder Bahnhof ein.

Waggons mit Fußbodenheizung

Die feine Ausstattung in Design und Technik kann einem First-Class-Hotel schon Konkurrenz machen, allerdings eben wackelnd und schnaufend, auf Schienen. Der Zug made in Namibia bietet gediegenen Standard mit großflächigen Fensteröffnungen zu beiden Seiten, damit die Landschaft in Breitwandformat vorbeiziehen kann. Die Schlafwagenabteile, die bis zu drei Personen Platz bieten, sind vollklimatisiert und verfügen über ausklappbare Betten, ein Bad und sogar über Fußbodenheizung, die in kalten Wüstennächten für warme Füße sorgt. Preise für Frühstück und Abendessen, Tee und Kaffee, Ausflüge mit qualifizierten Reiseleitern sowie alle Eintrittspreise sind bei der Buchung im Schlafwagen ebenso inklusive wie frische Bettwäsche. Aber wer will auf

einem solchen Wüstentrip im Bahnexpress schon schlafen? Wesentlich günstiger gibt es die Tickets für die Sitzplatzabteile, die außer der Vollverpflegung die gleichen Leistungen bieten. Ohnehin ließe sich während der Fahrt im komfortablen Speisewagen landestypisch speisen, sollte die mitgebrachte Verpflegung nicht reichen oder Löwen zum Opfer gefallen sein. Jeweils mittwochs und samstags geht es von Swakopmund zurück in die Hauptstadt. Zu verdanken ist die Traumreise den Deutsch-Kolonialen, die im September 1897 die Arbeit an der »Alten Staatsbahn« von Swakopmund nach Windhoek aufnahmen.

Shongololo Express & Rovos Rail

Zwei weitere Luxus-Züge durchqueren Namibia. Der Shongololo Express bindet sogar noch Simbabwe, Botswana und Südafrika an. Reisende können je nach Gusto und Zeitplan verschiedene Touren auswählen und auf bequeme Weise die schönsten Sehenswürdigkeiten des Landes wie das Sossusvlei, Lüderitz, den Fish River Canyon, Mariental, Okahandja, Swakopmund, Otjiwarongo und sogar den Etoscha National Park erfahren. Auch der Shongololo bietet diverse Landausflüge an, die sich thematisch um Flora und Fauna drehen, Naturschauspiele ansteuern oder zur Souvenirjagd animieren. Immer bleibt Zeit zum Relaxen. Am Abend setzt sich der Shongololo in Bewegung und rattert zur nächsten Destination.

Ein anderes Zug-Kaliber ist der Rovos Rail, der sich mit dem Interieur der vorletzten Jahrhundertwende als Nostalgiezug für Eisenbahnfans empfiehlt. Die Luxusherberge auf Schienen könnte es mit dem Orientexpress aufnehmen, der Speisewagen mit einem urbanen Sterne-Restaurant. Im Rail Rovos schläft man luxuriös in Suiten – solange die Reisekasse die nicht gerade preiswerte Angelegenheit ermöglicht. Aber was bedeutet schnöder Mammon schon angesichts dieses Railway-Erlebnisses?

DAS PILS KOMMT AUS WINDHOEK

Von Carl List und Hermann Ohlthaver wurde 1920 die Südwestbrauerei (SWB) in Windhoek gegründet, die nach der Unabhängigkeit Namibias 1990 ihren heutigen Namen Namibia Breweries Ltd. erhielt. Die Herstellung des Gerstensafts erfolgt strikt nach deutschem Reinheitsgebot. Alle Braugesellen werden nach ihrer zweieinhalbjährigen Ausbildung in Windhoek zur Mälzer- und Berufsschulausbildung nach Deutschland geschickt, um den deutschen Gesellenbrief zu erlangen. »Im härtesten Biertest der Welt« wurden die Windhoeker Biere durch die Deutsche Landwirtschafts-Gesellschaft (DLG) ausgezeichnet. Über 500 Mitarbeiter produzieren jährlich 1,7 Millionen Hektoliter. Die Hälfte davon wird in 23 Länder exportiert. Auch nach Deutschland.

WEITERE INFORMATIONEN ZU DESERT EXPRESS & CO.

Desert Express sowie **StarLine:**
www.transnamib.com.na
Shongololo Express:
www.shongololo.com
Rovos Rail: www.rovos.com

Zahlreiche Gästefarmen, Wildlife Lodges und Wellnessherbergen haben sich ringsum Windhoek positioniert wie die Heija Game Lodge (ganz oben). Wer Wildnis pur will, muss fahren oder fliegen. Zum Beispiel zur Wolwedans Dunes Lodge (rechts unten).

6 Zwischen Wellness und Wildtieren

Safari vor der Haustür

Die Lage der Metropole im Khomas-Hochland bedeutet, dass sie von Bergen umgeben ist: Drumherum ragen die Auasberge, die Eros Mountains, das Khomas-Gebirge, der Grimmrücken und die Kleeberge bis zu einer Höhe von 2500 Metern auf. An schnell erreichbaren Erholungsgebieten mangelt es also nicht. Auch das Erongo-Gebirge mit Namibias Hausberg, der Spitzkoppe, gehört dazu.

Jenseits der Auasberge hat sich das Wellness-Resort Gocheganas Nature Reserve in einem berauschend schönen Stück Natur angesiedelt. Auf dem Weg dorthin schlängelt sich das Asphaltband durch sanfte Hügel- und Berglandschaften, bis eine Schotterpiste zum 6000 Hektar großen Wildschutzgebiet abzweigt. Schon spielt Windhoeks nächstgelegene Umgebung ihre Trumpfkarte aus: eine bizarre Felslandschaft. Hoch oben, imposant auf einer Bergkuppe thronend, kommt dann die Gocheganas Lodge in Sicht. Nashörner, Giraffen, Zebras, Geparde, Schakale, Leoparden, Springböcke, Antilopen, Wasserböcke, Strauße, Warzenschweine und zahlreiche andere Wildtierarten sind hier auf beinahe 2000 Metern Höhe versammelt.

Safari in der Wanne

Die Traumlage Gocheganas macht eine Safari von der Badewanne aus möglich, auf jeden Fall aber von den großzügig um die Gebäude konstruierten Terrassen, die das einzigartige Landschaftspanorama perfekt präsentieren. Eine Etage tiefer wartet ein Wellness-Tempel mit beheiztem Innenschwimmbad im Steingewölbe – der Außenpool hat Panoramablick. Der Spa-Bereich bietet die gängige Ausstattung, dazu zählen diverse Saunen, Fitness-, Gymnastik- und Yogaräume, bei den Anwendungen gibt es Thalassotherapie mit Meerwasser und Algen, Anti-Stress- und Entspannungsbäder, Farblicht- und Klangwellenmassagen, Kosmetik- und Schönheitspflege – kurzum das volle Wohlfühlprogramm.

Daan Viljoen Game Park

Unmittelbar an Windhoek grenzt der Daan Viljoen Game Park mit Blick in die weiten Berglandschaften des Khomas-Hochlands. Das Naturreservat ging Anfang des 20. Jahrhunderts aus den bereits bestehenden Schutzgebieten Fürstenwald Reserve und der Augeigas Reserve hervor und bietet vor allem Wanderern ein perfektes Terrain: Aufgrund der Abwesenheit gefährlicher

Raubtiere lassen sich die bildschönen Landschaften zu Fuß erkunden – mit guten Chancen, auf Gnus, Giraffen, Oryxantilopen, Bergzebras und Schakale zu treffen. Auch Hobby-Ornithologen sind bei über 200 Vogelarten auf den drei ausgewiesenen Routen am richtigen Ort: Auf dem Sweet Thorn Trail mit über 30 Kilometern Länge, dem neun Kilometer langen Red Bushwillow Trail, der auf der höchsten Erhebung des Parks eine fantastische Aussicht auf Windhoek bietet, oder dem Buffalo Thorn Trail, der mit einer Länge von drei Kilometern ein leichter Spaziergang ist.

Gross Barmen Hot Springs Resort

Die meistbefahrene Strecke Namibias bringt die Hauptstädter in nur drei Stunden in ihr 363 Kilometer entferntes und über alles geliebtes Seebad Swakopmund. An der Strecke liegen kuriose Kleinstädtchen, die einen Stopp – oder ein Stopover verdient haben, und die ehemalige Missionsstation Gross Barmen. Letztere wurde 1884 gegründet, um den in der wasserreichen Umgebung siedelnden Herero das christliche Seelenheil zu vermitteln. Besonders an den Wochenenden kommen Windhoeker gern zur nur 100 Kilometer entfernten Wellness-Oase oder legen auf dem Weg von Swakopmund eine Wellness-Pause ein, weil aus den Quellen von Gross Barmen 65 Grad heißes, schwefelig riechendes Heilwasser sprudelt. Das Thermalwasser wird auf 41 Grad abgekühlt und in ein Innenbecken geleitet; für weniger Hartgesottene gibt es ein Außenbecken mit 29 Grad. Der üppige Schilfgürtel eines kleinen Stausees schafft eine romantische Naturatmosphäre, was nicht nur wegen der exotischen Vogelwelt Eindruck macht. Rundwege um den See laden zum Spazieren ein. Übernachten lässt es sich in Chalets unterschiedlicher Kategorien oder auf dem angegliederten Campingplatz.

RUSTIKAL – AM RAND DER ERONGO-BERGE

Rita und Frederik van Alphen sind die Gastgeber auf »Eileen«, einer ganz besonderen Gästefarm, auf der auch noch richtig gearbeitet wird: Vor 30 Jahren verwirklichten sich die beiden Swakopmunder Stadtmenschen den Traum von einer eigenen Farm – und sie kauften, sanierten, bauten um, setzten verrottete Wasseranlagen in Gang, bohrten 100 Meter tiefe neue Wasserlöcher, versuchten es mit Getreideanbau, der misslang, schafften die ersten Rinder an und bauten 1996 das alte Farmhaus komplett neu, wofür sie die Backsteine selbst produzierten. Heute erwarten Besucher neben einer familiären Atmosphäre Entspannung am Pool, Wanderungen, Farmrundfahrten mit Wildbeobachtung und eine interessante Flora. Auch wenn »Eileen« keine Jagdfarm ist, wird für den Eigengebrauch gejagt. Anfahrt mit normalem Pkw ist möglich, Abzweig zwischen Omaruru und Karibib (www.erongo.iway.na).

WEITERE INFORMATIONEN

Dan Viljoen sowie Gross Barmen: www.nwr.com.na,
Übernachten: Nina Guesthouse, www.namibiatouristik.de,
Erongo Wilderness Lodge: www.erongowilderness-namibia.com

Jedes Jahr im August findet in Okahandja der Ahnengedenktag der Herero statt; wer kunstvolles Schnitzhandwerk sucht und die Herero etwas besser kennenlernen will, ist hier richtig.

7 Okahandja

Station der Dampfloks

Okahandja liegt nur eine knappe Fahrstunde nördlich von Windhoek an der stark befahrenen Route B1/B2 Richtung Spitzkoppe, Erongo-Gebirge und Swakopmund. Ganz klar, dass das lebendige 11 000-Einwohner-Städtchen an seinen Stadteingängen mit zwei großen Kunsthandwerkermärkten viel durchfahrende Kundschaft anlockt. Mit etwas Muße lassen sich das deutsche Fort und die Friedenskirche aus dem Jahr 1876 besichtigen, schließlich geht die Stadt auf eine Niederlassung der Rheinischen Mission zurück. Später entwickelte sich Okahandja zu einer lebhaften Eisenbahner-Siedlung, die 1906 beim Streckenbau der Linie Swakopmund–Tsumeb entstand, weshalb die in Kassel gebaute Lokomotive Nr. 41 der Firma Henschel der fotogenste Grund für einen Zwischenstopp ist. Mitte Juni bis Ende August gehört Okahandja den Herero, die dann mit prächtigen Umzügen durch die Straßen ziehen, um ihrer bedeutendsten Führer Jan Jonker Afrikaner und Maherero zu gedenken, denn die Helden ihrer Stammesgeschichte liegen auf dem hiesigen Friedhof begraben. Höhepunkt der Feierlichkeiten ist der »Maherero Day« jeweils im August.

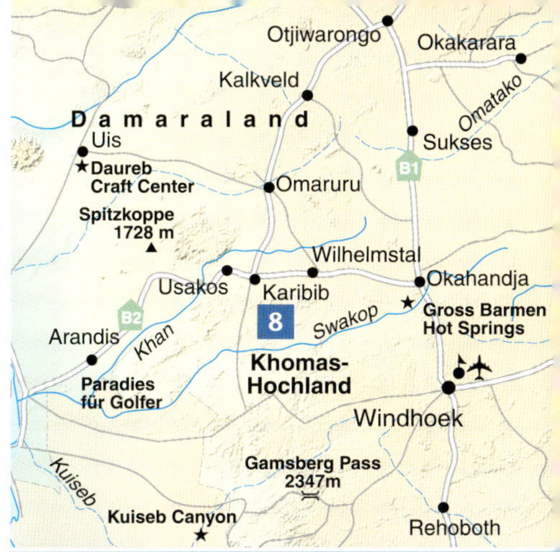

8 Karibib

Gold und Marmor

Das 7000-Einwohner-Städtchen wurde als Bahnstation an der Strecke Swakopmund–Windhoek gegründet und kann einige architektonische Preziosen vorzeigen. Allerdings bestimmen heute Marmorbrüche, in denen seit 1904 hochwertiger Karibib-Marmor abgebaut und in alle Welt exportiert wird, das Wirtschaftsleben der Stadt. Das Marmorwerk befindet sich im ehemaligen Proviantraum der Deutschen Schutztruppe und kann nach Voranmeldung besichtigt werden. Seit 1990 wird in Karibib sogar Gold geschürft, im Tagebau. Am besten lassen sich Besucher im Henckert Tourist Centre in der Main Street beraten, bevor sie sich auf die koloniale Fototour begeben. Zu den Bauten von damals gehören die Christuskirche, das 1900 erbaute Roesemann-Haus und ein schöner Bahnhof der Jahrhundertwende. Auch das Stadthotel »Erongoblick«, einst ein Internat und mitten im Stadtzentrum gelegen, ist zum Ablichten geeignet. Für Wanderer und Bergkletterer dient Karibib als Ausgangspunkt für Expeditionen in die nahen Erongo Mountains.

Nicht nur Gold und Marmor, sondern auch eine Reihe von Jagdfarmen wie die Albrechtshöhe (oben) halten das wirtschaftliche Rad der Region in Schwung.

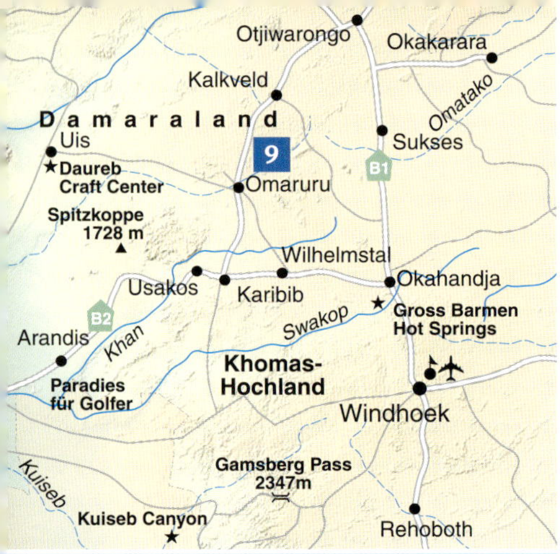

Nicht nur Weingüter und die dazugehörenden Rebstöcke prägen die Omaruru-Region, sondern auch bizarre Felsformationen der Erongo-Berge gleich nebenan.

9 Omaruru

Weinbau am Erongo

Die Geschichte des verschlafenen Örtchens begann damit, dass der Missionar Gottlieb Viehe hier 1869 ein Missionshaus erbaute; 1872 kam eine Kirche dazu. Ein kleines Museum erinnert an die Zeiten der Rheinischen Mission, die bald in arge Bedrängnis kam. Dem mutigen Hauptmann Viktor Franke war die Rettung zu verdanken – er durchbrach mit seiner Kompanie den Belagerungsring aufständischer Herero um die Kaserne der Deutschen Schutztruppe. Das war im Jahr 1904. Omaruru, rund 50 Kilometer nördlich von Karibib, liegt 1214 Meter über dem Meeresspiegel am Erongo-Gebirge und wird durch einen hohen Grundwasserspiegel mit Feuchtigkeit versorgt, weshalb hier sogar Rebstöcke gedeihen. Schon die Deutsche Schutztruppe hatte es mit Weinbau probiert. Traubensorten wie Cabernet Sauvignon und Ruby Cabernet gedeihen im trocken-warmen Klima Omarurus prächtig. Wenige Kilometer außerhalb bietet die Kristall Kellerei Winery Weinproben an – die Übernachtung sollte dabei allerdings schon vorher feststehen.

10 Usakos

Henschel und Sohn, Kassel

Vor dem altkolonialen Bahnhof der 20 000-Einwohner-Stadt erinnert die Lok Nr. 40 von Henschel und Sohn, Kassel, 1912, an die wilden Zeiten der Erschließung. Wie auch der alte Wasserturm, der für die reibungslose Weiterfahrt der Züge zuständig war, das Gebäude der Stadtverwaltung in der Kaiser-Wilhelm-Straße (1908) sowie die katholische Kirche (1905). In der Ferne ragt der Hohenstein (2319 m) aus den Erongo-Bergen heraus. Unweit des Städtchens liegt das Trekkopje Battlefield, wo 1915 eine der wichtigsten Schlachten zwischen deutschen und südafrikanischen Truppen stattfand. Auf der Weiterfahrt von Usakos nach Westen zweigt bei Kranzberg die D 1937 zur Phillips Cave ab, wo es Felszeichnungen der San zu sehen gibt. Beeindruckende Felsformationen gleich daneben tragen den kuriosen Namen Bull's Party. Dorthin gelangt man auf einer halbstündigen Wanderung. Der nächste Abzweig führt ins Spitzkoppe-Massiv, zum Matterhorn Namibias. Die Große Spitzkoppe ragt imposante 800 Meter aus dem Plateau auf, wurde 1949 erstmals bestiegen und ist noch heute eine Herausforderung für Felskletterer.

Aus längst vergangenen Zeiten, aber immer noch zu bewundern: Der Alte Bahnhof ist heute ein Hotel (oben), die ehrwürdige Henschel-Lok Nr. 40 ein technisches Denkmal (unten). Von hier aus ist es nicht weit zur Spitzkoppe (Mitte).

Am Pool der Jagdfarm Okanduka Seibe ist bei eiskaltem Champagner schon manche Trophäe gefeiert worden. Oder aber auch einfach nur die traumhafte Natur und ihre wilden Bewohner.

11 Jagdfarmen

Wo die Büchse kracht – nordwestlich von Windhoek

Das Thema »Jagen in Namibia« erhitzt manche Gemüter. Einerseits stellt die Jagd von Wildtieren einen nicht unwesentlichen Wirtschaftsfaktor dar, der zahlreiche direkte und indirekte Arbeitsplätze schafft, andererseits bringt sie Tierschützer-Seelen in Wallung. Obwohl strikte Gesetze und Auflagen den Abschuss von Wildtieren streng regulieren.

Seit jeher gehört die Jagd zum Selbstverständnis der Afrikaner. Was in der Vergangenheit nicht unwesentlich zur Dezimierung der Wildtierbestände beigetragen hat: Sei es durch Wilderei zwecks Fleischbeschaffung, die Gier nach Elfenbein, zum Schutz des eigenen Weideviehs oder durch die internationale Trophäenjagd. Wenig verwunderlich also, wenn das Image der Jagd auf die »wilden Exoten« ein denkbar schlechtes ist. Ein besonderes Kapitel in der Geschichte der Wildtierjagd schreiben private Jagdfarmen. Die streng kontrollierten und ökonomisch geführten Betriebe überlassen Wildtieren riesige Areale, die sonst durch Menschen und Siedlungen, Rinder, Ziegen und Schafe besetzt wären.

Jagdfarmen als umweltgerechter Tierschutz

Viele dieser Territorien stehen für karge, ausgelaugte Böden, die Farmern und Viehzüchtern einst nur geringe Erträge und vielfach den wirtschaftlichen Ruin brachten. Manche konnten sich durch die rechtzeitige Umstrukturierung zu Jagdfarmen erhalten und wieder schwarze Zahlen schreiben, was gut für die Wildtiere ist. Während sie vorher als Feinde des Viehbestandes ausgerottet wurden, sind Farmer plötzlich am Gegenteil interessiert, nämlich an einem gesunden und attraktiven Wildtierbestand. Ihre Einnahmen ergeben sich aus lukrativen Abschussgebühren bei der Trophäenjagd, dem Gästebetrieb sowie dem Verkauf oder der Eigenverwertung des kostbaren Wildfleisches.

»Jäger sind, ganz gleich ob in Afrika oder in Deutschland«, erklärt der passionierte deutsch-namibische Jagdexperte und Eigentümer der Jagdfarm Okanduka Seibe, Dr. Peter von Seck, zur Kontroverse um das Jagen von Wildtieren, »nicht gegen die Natur, wie es so häufig dargestellt wird, sondern vielmehr ihre Bewahrer.« Weil sich gerade durch die Jagd das Territorium der Wildtiere erhalten und in vielen Fällen sogar erweitern lässt, so argumentiert von Seck. Wobei die Statistik den vermeintlichen Widerspruch erklärt: In Namibia leben 80 Pro-

Auch wenn die Jagd auf Wildtiere vielfach grausam anmutet, so gilt doch, dass es ohne die Jagd hier kaum noch Tiere gäbe. Auf der Jagdfarm Okanduka Seibe (ganz oben, Mitte, oben) wird Naturschutz großgeschrieben.

zent des Wildbestands außerhalb staatlicher Parks und Schutzzonen – in anderen afrikanischen Ländern ist das Verhältnis eher umgekehrt –, also in über 150 Private Game Reserves und auf den verschiedenen Jagdfarmen.

Okanduka Seibe

Drei Fahrstunden westlich von Windhoek führen die Wildtiere auf Okanduka Seibe ein prächtiges Leben. Das 7500 Hektar große Farmgebiet liegt an den Ausläufern des Khomas-Hochlandes auf 1000 Metern Höhe inmitten weiter Flächen aus Baumsavanne und bizarren Berglandschaften. Die sie durchziehenden Flussbetten führen nur unregelmäßig spärliche Rinnsale, während sich im wilden Hureb Canyon Fische und Wasserwild das ganze Jahr über tummeln. In den schwer zugänglichen Bergregionen leben Leoparden, Bergzebras, Klippspringer und viele andere Wildtierarten. Der einst heruntergewirtschaftete Betrieb hat dem deutschen Eigner erst einmal Investitionen in Form von persönlichem Einsatz, Kapital und Arbeitskraft abverlangt. Auch im Tierschutz herrscht das eiserne Gesetz der Wirtschaftlichkeit: Ohne ökonomischen Input ist ökologischer Output nicht machbar, so lautet heute die Formel, an der sich nicht nur Jagdfarmen, sondern auch staatliche Wildschutzgebiete und Nationalparks orientieren. Für den examinierten und lizenzierten »Master Hunting Guide« (Jagdführer in Namibia), der seine Jagd- und Gästefarm Okanduka Seibe seit 1991 bewirtschaftet, stehen ethische Grundsätze bei der Jagd außer Frage. Sie erfolgt ausschließlich »zu Fuß« auf der Pirsch oder aber vom Ansitz aus. Aktionen vom Fahrzeug aus sind nicht zugelassen. Bejagt werden nur alte Trophäenträger nach den strengen Grundsätzen des SCI (Safari Club International).

Jagd- und Gästefarm Albrechtshöhe

Die 1906 gegründete Farm von Ingrid und Paul-Heinz Meyer liegt kurz vor Karibib auf halber Strecke zwischen Windhoek und Swakopmund. Als Jagd- und Gästefarm, deren historisches Hauptgebäude von der Deutschen Schutztruppe erbaut wurde, existiert »Albrechtshöhe« seit 1992. Ihr 6400 Hektar großes Terrain bietet zahlreichen Wildtierarten ein Zuhause, sowie einem Dutzend Rinder, die zur Versorgung des Farmbetriebes gehalten werden. Besucher profitieren von frischen Milchprodukten und frischem Wildfleisch, das bei kulinarischen Gelagen im Mittelpunkt steht. Mit ihren natürlichen Quellen diente die Station zu Kolonialzeiten zur Versorgung von Dampfloks und Pferden – heute ist sie ein idealer Zwischenstopp auf dem Weg ins Erongo-Gebirge oder nach Swakopmund.

Luxuschalets in der Wildnis

Die Jagdfarm Sney River Lodge wurde im Jahr 2009 als Luxuslodge neu aufgebaut und liegt an der Gross Barmen Road in der Nähe von Okahandja. Auf dem 20 000 Hektar großen Areal an den Ausläufern des Khomas-Hochlandes leben etwa zwei Dutzend Wildtierarten, darunter Giraffen, Streifengnus, Elen- und Schwarzfersen-Antilopen, Bless- und Springböcke, Zebras, Leoparden und Geparden. Die exklusiv ausgestatteten

Chalets der Sney River Lodge sprechen vor allem Jäger mit hohem Anspruch an gediegenes Ambiente an sowie von Luxus verwöhnte Besucher, die mit der Jagd gar nichts am Hut haben. Wanderungen zu den Heißwasserquellen der Farm und zum nahe gelegenen Swakoppoort Dam und Stausee sowie Fotosafaris stehen für sie auf dem Programm.

Berufsjagdverband Namibia

Die Jagd auf Wildtiere ist eine der ganz großen Attraktionen für die jagende Zunft. Dafür, dass dabei alles mit rechten Dingen zugeht, sorgt ein umfangreiches Regelwerk: Abschüsse sind genehmigungspflichtig, strenge Jagdgesetze überwachen Jagdfarmen ebenso wie professionelle Jäger sowie ausgebildete und lizenzierte einheimische Jagdführer.

Die Abschussgebühren können sich je nach Tier auf 3000 US-Dollar und mehr belaufen, was die Jagdwirtschaft mit zahlreichen Betrieben und Arbeitsplätzen am Leben erhält – und Tierschützer auf die Palme bringt. Bei der Klassifizierung werden unterschieden: 1. jagdbares Wild (Kudu, Oryx, Springbok, Warzenschwein und Wildschwein), 2. streng geschützte Wildarten (Elefant, Hartman's Bergzebra, Flusspferd und Nashorn), 3. geschützte Wildarten (Löwe, Gepard, Gnu sowie bestimmte Antilopenarten), 4. die Jagd auf Wildvögel. Seit 1974 gibt es den Berufsjagdverband Namibia, die Namibia Professional Hunting Association (Napha), der sich darum bemüht, Namibia als Jagdreiseziel zu fördern – unter strikter Beachtung des lokalen Jagdrechts.

DIE GROSSWILDJAGD

Auf Safari sind die »Big Five« das Nonplusultra. Wobei der Begriff suggeriert, dass nur Elefant, Löwe, Leopard, Büffel und Nashorn zu den »Großen« zählen. Wer aber einen aggressiven Hippo erlebt, der mit seiner gewaltigen Muskelmasse und rasiermesserscharfen Zähnen zu den gefährlichsten Wildtieren Afrikas gehört, wird die irreführende Zahl sofort verfluchen. Elefant und Nashorn gelten als gutmütig und friedlich. Was sich vom Büffel nicht sagen lässt. Einmal richtig gereizt, gehören die Kraftpakete zu den angriffslustigsten Tieren im Busch. Eine der spannendsten Big-Five-Geschichten erzählt, wie einmal ein Rudel Löwen von 200 Büffeln auf die Bäume gejagt wurde, auf denen der König der Tiere samt Anhang stundenlang herumsitzen musste, weil die unten nicht daran dachten zu weichen.

WEITERE INFORMATIONEN ZUM JAGEN IN NAMIBIA

Okanduka Seibe: www.jagennamibia.de
Sney Rivier Lodge: www.blaser-safaris.de
Albrechtshöhe Safari West: www.safariwest.de
Namibia Professional Hunting Association: www.napha.com.na

Die Natur des Etosha National Park ist bezwingend schön. Doch wer in Salzpfanne und Dornensavanne überleben will, muss gut angepasst sein – wie Termiten und Steppenzebras – oder generationenalte Erfahrung besitzen wie die Herero (Mitte) und die San. Touristen nutzen am sichersten den Service ihrer Lodge.

Zwischen Etosha-Salzpfanne und Damaraland

Willkommen in Tsumeb rund 1300 Meter ü.d.M. (Mitte). Prächtige Flamboyants (Flammenbäume) gehören zum Stadtbild (oben). Vor allem die Herero-Frauen päsentieren sich immer noch stolz in ihrer Tracht (rechts).

12 Tsumeb, die Minenstadt

Historischer Katalysator

Für Reisende eine Durchgangsstation zum Etosha National Park, für Geologen das Mekka der Steine – Tsumebs Mineralienreichtum zählt Dutzende Arten, die es sonst nirgendwo gibt. Geschichtlich hat das aufgeräumte Städtchen einiges zu bieten: Hier nahm das schreckliche Schicksal der Herero im Kampf gegen die Deutsche Schutztruppe seinen Anfang.

Rund 430 Kilometer sind es auf der B 1 von Windhoek bis Tsumeb, das sich auch fahrplanmäßig mit Zügen der TransNamib und mit Linienbussen erreichen lässt. Von dort bis zum östlichen Parkeingang des Etosha National Park, dem »Lindequist Gate«, bleibt dann nur noch eine Fahrstunde. Die moderne, 16 000 Einwohner zählende Minenstadt gilt nicht nur deshalb als idealer Ausgangspunkt für Ausflüge in den Etosha National Park: Über 200 verschiedene hier vorkommende Mineralien haben die Stadt wohlhabend und ansehnlich werden lassen; das Wasserreservoir aus dem Bergbau verhilft ihr zu einer überreichen Flora.

Meer der leuchtenden Blüten

Die Gartenstadt mit den üppigen Grünflächen ist voller feuerrot blühender Jacarandabäume, Flamboyants und Bougainvilleen und liegt auf 1310 Metern Höhe inmitten eines fruchtbaren Acker- und Gemüseanbaugebietes. Sie lebt aber hauptsächlich von dem, was aus tieferen Lagen ans Tageslicht kommt, nämlich vom Kupfer. Schon Ende 1900 betrieb die deutsch-englische Otavi-Minen- und-Eisenbahn-Gesellschaft die planmäßige Erschließung der Erzvorkommen, die per Ochsenkarren nach Swakopmund und von dort mit der Woermann-Schifffahrtslinie nach Hamburg verbracht wurden. Weshalb schon wenige Jahre später eine Eisenbahnlinie von Tsumeb nach Swakopmund fertiggestellt war, was Abbau und Abtransport im großen Stil ermöglichte. Zwangsarbeit und brutale Landenteignungen führten zu Spannungen und wachsendem Widerstand der Herero gegen die Besatzer. Weil der bisherige Befehlshaber der Deutschen, Major Leutwein, nicht hart genug durchgegriffen hatte, wurde er durch Generalleutnant Lothar von Trotha abgelöst, der als eiskalter Stratege galt, was zu einem blutigen Vernichtungsfeldzug gegen das gesamte Volk der Herero führte. Der General ließ die Eingeborenen genau wissen, was ihnen bevorstand.

Die Hauptstraße von Tsumeb ist stets belebt (ganz oben). Die Barbara-Kirche ist der Schutzpatronin der Bergleute geweiht (Mitte). Von Tsumeb aus ist es bis zum Waterberg (oben) nur ein Katzensprung, ebenso zum Otjikoto Lake (rechts), dessen Name »tiefes Loch« bedeutet.

Herero-Gemetzel am Waterberg

»Innerhalb der deutschen Grenzen wird jeder Herero mit oder ohne Vieh erschossen. Ich nehme keine Weiber und Kinder mehr auf, treibe sie zu ihrem Volk zurück oder lasse auf sie schießen. Das sind meine Worte an das Volk der Herero. Der große General des mächtigen deutschen Kaisers, von Trotha.« Den Herero, die unter der deutschen Besatzung Vieh, Land, Selbstbestimmung und vielfach sogar ihre Frauen hatten hergeben müssen, blieb keine Chance. Rund 65 000 überlebten von Trothas heimtückische Kriegsführung nicht. Wer dem finalen Maschinengewehr-Gemetzel in der Schlacht am Waterberg entkam, wurde in die wasserlose Omaheke-Wüste getrieben, wo das sichere Verdursten wartete.

Doch die Bahn fuhr und verschaffte dem Minenstädtchen einen ungeahnten Aufschwung. So kamen aus dem Schacht der Friedrich-Wilhelm-Mine im Jahr 1938 an die 175 000 Tonnen Erz, davon 15 000 Tonnen Kupfer, 35 000 Tonnen Blei und 17 000 Tonnen Zink. »Nahe der Grenze von Angola und Ovamboland im äußersten Norden von Südwest liegt Tsumeb, das Zentrum großen Kupfer- und Bleiabbaus, das zweite wichtige Industriezentrum neben der deutschen Stadt Lüderitzbucht im Süden, dem Mittelpunkt der Diamantenindustrie«, notierte die Südwester-Veteranin und Buchautorin Ilse Steinhoff bei ihrem Besuch kurz vor dem Beginn des Zweiten Weltkriegs über die Förderung der wertvollen Rohstoffe – und dass 2500 schwarze Minenarbeiter und über 250 Deutsche im Minenbetrieb beschäftigt waren.

Immer noch gut bestückt

Hauptsächlich Kupfer und Silbererz sind momentan die Rohstoffe, die das Schmelzwerk der Ongopolo Mining and Processing Ltd. in Tsumeb verarbeitet. Sehenswert sind die hübsch restaurierte katholische Barbarakirche (1913) in der Hauptstraße, die von Rudolf Mann erbaut und der Schutzpatronin der Bergleute geweiht wurde, das Minenbüro (1907) in der First Street und die Direktorenresidenz (1912) in der Hospital Street. Besuchenswert ist Tsumebs Museum, das dem Engagement der Farmersfrau Ilse Schatz zu verdanken ist, die aus eigenem Familienbesitz sowie aus zahlreichen Schenkungen eine beeindruckende Sammlung zum Bergbau und zum Leben der San-Buschleute zusammengetragen hat. 1929 im benachbarten Grootfontein geboren, lebte sie mit ihrem Mann Wolfgang Schatz auf der Farm Otjiguinas in engem Kontakt mit den San, konnte deren Vertrauen gewinnen und ihre Kultur studieren. Ihre Erfahrungen mit den Sitten und Gebräuchen der San erschienen 1993 unter dem Titel *Unter Buschleuten*. Die San sollen hier schon in prähistorischen Zeiten nach Erz gesucht haben. Was den kuriosen Namen der Stadt erklärt, der in der San-Sprache soviel wie »in loser Erde graben« bedeutet. Allerdings gibt es auch eine Menge anderer Geschichten zur Bedeutung des Namens. Tatsächlich macht eine Erzader, die aus anderthalb Kilometern Tiefe bis an die Oberfläche reicht, einen Tagebau und damit das leichte Erreichen des kostbaren Rohstoffs möglich. Wer auf Souvenirs aus ist, sollte das Tsumeb Arts & Crafts Centre in der Main Street nicht auslassen, das Kunsthandwerk aus der Region sowie aus anderen Teilen Namibias ausstellt.

Von »damals« in die Gegenwart

Wie sehr Tsumeb mit der Ära der Deutschen verbunden ist, zeigen Ortsnamen wie Hermanstal, Schumannsthal, Elefantenberg oder Hohental in der Umgebung, sowie das kleine Städtchen Otavi, eine knappe Fahrstunde von Tsumeb entfernt: Eine Gedenktafel markiert die Stelle, an der die deutsche Kolonialherrschaft beendet wurde. Am 9. Juli 1915 unterschrieben hier der deutsche Gouverneur Seits und der Truppenkommandeur Franke die Kapitulationsurkunde in Anwesenheit des späteren Präsidenten Südafrikas, General Louis Botha. Dann begann die ebensowenig schöne Ära der südafrikanischen Verwaltung. Die wenigsten Erstbesucher werden die Minenstadt Tsumeb zu sehen bekommen, es sei denn, sie reisen aus Wind hoek mit dem Desert Express an, der seit einiger Zeit die Strecke bedient. Und erst recht nicht ihre Umgebung, die sich erst auf den zweiten Blick mit ihren gut versteckten Schätzen offenbart, wie den idyllischen Süßwasserseen Otjikoto Lake und Guinas Lake, die einzigen natürlichen Seen des Landes, beide über 100 Meter tief. Aus dem Otjikoto-See wurde ein Munitionswagen geborgen, den die Deutschen kurz vor der Kapitulation versenkt hatten.

IM LEBEN DER BUSCHLEUTE

Wer den Weg zu Reinhard Friederichs Farm zwischen Tsumeb und Tsintsabis gefunden hat, kann dort die Lebensform der San »live« kennenlernen. Eine Tagestour auf den Muramba Bushman Trails zusammen mit San-Buschleuten beschert Teilnehmern ein unvergessliches Erlebnis. Die einstigen Ureinwohner der Namib- und der Kalahari-Wüste leben mit und von einer äußerst kargen Natur, was besondere Überlebenskünste und Techniken hervorgebracht hat. Exaktes Wissen über Flora und Fauna ist in einer lebensfeindlichen Welt unverzichtbar. Eine Einweisung in die Kunst des Spurenlesens gehört ebenso zum Programm wie traditionelle Tanzvorführungen der San, die sich hier im Nordosten Namibias ihr ursprüngliches Leben wenigstens zu einem Teil erhalten konnten. Gäste werden auf der Farm in einfachen Cottages untergebracht (www.muramba.com).

WEITERE INFORMATIONEN ZU TSUMEB

Infos bei Travel North Tourism Service in der 1551 Omeg Allee

Tsumeb: www.natron.net/tnn

Übernachten im Minenhotel: www.minen-hotel.com

In der Waterberg Lodge (Mitte) ist man ganz von Natur umgeben, Rüppel-Papageien (oben) kann man von der Terrasse aus beobachten. Einen fantastischen Blick über die Waterberg-Landschaft hat man von der Waterberg Plateau Lodge aus (rechts).

13 Waterberg Plateau Park

Namibias Ayers Rock

Auf der Strecke von Windhoek zur Etosha-Salzpfanne ist ein Abstecher in den Waterberg Plateau Park eine Option, vor allem für Wanderer, die den Waterberg Wilderness Trail auf dem alleinstehenden Watergbergmassiv im Visier haben, das sich bis auf über 200 Meter aus einer Hochebene erhebt, wobei sich die »Beletage«-Plattform auf rund 50 Kilometern Länge und bis zu 20 Kilometern Breite hinzieht.

Die Waterberg-Region, wegen ihres Wasserreichtums schon in vorkolonialen Zeiten Siedlungsgebiet der Herero, war der Schauplatz der deutschen Massaker im August 1904. Seit uralten Zeiten kennt die Region siedelnde Menschen. Forschungsreisende berichteten bereits Mitte des 19. Jahrhunderts von Buschmännern auf der Jagd. Vieh züchtende Herero hatten zu ihren besten Zeiten Zehntausende Rinder auf grünenden Weiden am Waterberg. Wo es heidnische Urvölker gab, ließ die Gründung christlicher Missionsstationen nicht lange auf sich warten, sodass schon bald nach der Entdeckung der Waterberg-Region die Rheinische Mission anrückte. Wo es Missionsstationen gab, waren »Schutztruppen« meist nicht weit, weshalb gegen Ende des 19. Jahrhunderts die deutsch-koloniale Polizei hier einen Posten bezog.

Lothar von Trothas Erbe

Einmal im Jahr, am ersten Sonntag nach dem 11. August, findet auf dem Soldatenfriedhof des Waterbergs eine gemeinsame Feier von Deutsch-Namibiern und Vertretern der Herero statt, um der Gefallenen beider Seiten zu gedenken, was eine schöne Geste ist: 70 000 Herero-Toten stehen nur 750 deutsche Gefallene gegenüber. Das Sandstein-Plateau ist 200 Millionen Jahre alt und nimmt durch seine porösen Schichten viel Wasser auf, das langsam versickert und von lehmartigen Gesteinsschichten aufgefangen wird. Das Sickerwasser tritt in Form zahlreicher Quellen aus den Berghängen heraus und verhilft einem schmalen Vegetationsgürtel zu dichtem Grün. Dieses bildet einen seltsamen, starken Kontrast zum felsig-kahlen Bergrücken, der im frühen und späten Abendlicht rotfarben erstrahlt wie Australiens Ayers Rock. Als »Regenmacher« ist er nonstop im Einsatz, weil der aus der weiten Fläche herausragende Bergklotz vorbeiziehende Regenwolken regelrecht »aufspießt« und zum Abregnen bringt. Am besten lässt sich die berauschende Natur der Waterberg-Region auf dem Waterberg Wilder-

ness Trail erschließen: Die geführten Wanderungen finden unter Leitung eines Park-Rangers statt.

Tierparadies mit Aussicht

Seit 1972 steht der Waterberg unter Naturschutz. Die eine Hälfte ist als Waterberg Wilderness Area streng geschützt und sich selbst überlassen, die andere für Besucher zugänglich. Die Geschichte des Waterbergs erzählt auch von Wildtieren, die aus angrenzenden Ländern wie Botswana und Südafrika hierher umgesiedelt wurden, um den ursprünglichen Wildbestand wieder herzustellen. Die aufwendigen und kostenintensiven Aktionen haben sich gelohnt: Neben seltenen Antilopenarten und Giraffen gehören auch Breitmaul- und Spitzmaulnashörner dazu; insgesamt gibt es inzwischen wieder über 90 Säugetierarten am Waterberg, besser gesagt, auf dem Waterberg, denn sie leben auf der weitläufigen Plattform, die ausreichend Raum bietet. Herunter können sie nicht, aber Raubtiere wie Leoparden, Löwen und Geparde schaffen es spielend hinauf …

Waterberg Wilderness Lodge

Hobby-Ornithologen bekommen ausreichend Exotik vor die Ferngläser: Über 200 Vogelarten sind im Waterberg-Gebiet heimisch. Neben dem staatlichen Restcamp hat sich auf dem Areal der ehemaligen Otjosongombe-Farm die Waterberg Lodge von Caroline und Joachim Rust etabliert. Das schöne Refugium versteckt sich zwischen Bambusstauden, Avocado- und Papayabäumen und bietet einen Traumblick in die weite Waterberg-Landschaft. In der nahe gelegenen Waterberg Plateau Lodge lässt sich das Panorama-Erlebnis noch übertreffen: Zu ihren Füßen breitet sich die endlos scheinende Omaheke-Wüste aus, die einstmals für viele Herero den Tod bedeutete.

NAMIBIA FÜR BIKER

Eine große Herausforderung für Motorradfans ist Namibia in jedem Fall: Gute Straßenverhältnisse auf den langen Strecken, herausfordernde Passfahrten und geeignete Pisten – zum Beispiel entlang der Skelettküste ab Swakopmund Richtung Norden – lassen jedes Biker-Herz höher schlagen. Auch Offroad-Abenteuer per Bike werden immer beliebter. Wer sich die Organisation sparen und vor Ort möglichst schnell auf eine geeignete Maschine mit der entsprechenden Ausrüstung will, kann bei Dertour, Meier's Weltreisen, Wikinger Reisen und Hauser Exkursionen fündig werden, die mit dem Anbieter Absolut Tours & Safaris zusammenarbeiten. Auf gleicher Basis fügt der Afrika-Spezialist »Abendsonne Afrika« passgenaue Bausteine je nach Anspruch und fahrerischem Können zusammen (www.abendsonneafrika.de).

WEITERE INFORMATIONEN ZUM WATERBERG PLATEAU PARK

Übernachten: Waterberg Plateau Lodge www.waterberg-wilderness.com

Literatur-Tipp: Else Sonnenberg, *Wie es am Waterberg zuging*. Ein Originalbericht von 1904 zur Geschichte des Herero-Aufstands.

Wo Wasser ist, gedeiht die Landwirtschaft ebenso wie eine üppige Flora, so das Prachtexemplar eines Afrikanischen Tulpenbaums. Ein Prachtexemplar ist auch der Hoba-Meteorit (rechts), damit er das bleibt, steht er unter staatlichem Schutz.

14 Grootfontein

Lebensquell in der Wüste

Bevor es zur Minenstadt Tsumeb geht, der letzten Station vor der Etosha-Salzpfanne, wäre ein kleiner Umweg über die B 8 nach Grootfontein lohnenswert, einem Kolonialstädtchen wie aus dem Bilderbuch. 1896 wurde der wasserreiche Ort an der »großen Quelle« mit dem Bau eines deutschen Forts zur Garnisonsstadt, die einen militärischen Vorposten zum Caprivizipfel bilden sollte.

Die Bezeichnung des Städtchens geht auf einen abenteuerlichen Burentreck der Dorstland-Trekker zurück, die einst aus der Kapregion nach Angola gezogen waren, um dort nach geeignetem Siedlungsland zu suchen. Nachdem Angola auf der Kongo-Konferenz 1884/85 in Berlin den Portugiesen zugesprochen worden war, kehrten viele von ihnen zurück, ließen sich bei Grootfontein nieder und riefen die Republik Upingtonia aus. Die verschwand aber schnell wieder von der Landkarte, als sie nur wenige Jahre später mit der nächstfolgenden Kolonialmacht konfrontiert wurde, den Deutschen, die im Zuge der Caprivi-Politik und wegen reichlicher Kupfervorkommen im Otavi-Dreieck mit schwerem Gerät anrückten.

Lebensquell in der Wüste

Die sprudelnden Quellen der Region sowie reichhaltige Niederschläge hatten schon frühzeitig Damara und San im Umland siedeln lassen, die den feuchten Platz »Gei-/ous« nannten, was so viel wie »große Quelle« bedeutet. Im Frühling zeigen zahlreiche Jacarandabäume ihre violette Blütenpracht, dazu Tulpenbäume, Bougainvilleen und Flamboyants. Mit seinen weiß gekalkten Häusern ist das kleine 10 000-Einwohner-Städtchen einer der hübschesten Orte in ganz Namibia. Erfrischen kann man sich im städtischen Schwimmbad; das Wasser kommt natürlich frisch aus der starken Quelle! Unter den Sehenswürdigkeiten steht das alte Fort der Deutschen Schutztruppe an erster Stelle. Die im Jahr 1896 errichtete Militärstation, die im Verlauf der Kolonialzeit mehrfach erweitert wurde, diente nach Abzug der Deutschen als Gerichtsgebäude und Internatsschule und wurde seit den 1970er-Jahren gar nicht mehr genutzt. Bürgerproteste verhinderten den geplanten Abriss im letzten Moment, sodass die maroden Gebäude restauriert werden konnten. Heute ist hier das heimatkundliche Museum untergebracht, das 1983 mit einer Ausstellung der Werke Georg Hartmanns eröffnet wurde. Der

Geologe hatte bei der Erschließung Deutsch-Südwestafrikas eine bedeutende Rolle gespielt.

Sehenswertes Heimatmuseum

Zu sehen sind zahlreiche Exponate aus dem Bereich des häuslichen Lebens, eine großartige Mineraliensammlung und Schmiedeprodukte aus alter Zeit – und natürlich eine Ausstellung über die Deutsche Schutztruppe. Wer es auf die Zinnen der unter Denkmalschutz stehenden Wehrfestung geschafft hat, wird einen grandiosen Blick auf Grootfontein und Umgebung genießen. Auf dem alten Friedhof an der Straße nach Rundu sind geschichtsträchtige Gräber zu besichtigen, vor allem jene der Gefallenen der Deutschen Schutztruppe, die hier um 1900 gegen die südafrikanischen Streitkräfte kämpften. Mit Banken, Gästehäusern, Hotels und Supermärkten dient Grootfontein vor allem Durchreisenden auf dem Weg zum Caprivi als Zwischenstation. Wer hier angesichts der vielen Hundert Kilometer durch den Caprivistreifen die Lust am Fahren verliert, kann immer noch den Bus nehmen: Der Intercape-Mainliner verkehrt zwischen Windhoek und den Victoriafällen und hält an der »großen Quelle« zum Auftanken.

Echter Himmelsbrocken

Nicht weit vom Städtchen entfernt liegt auf dem Gelände der Hoba Farm einer der größten je gefundenen Meteorite. Der touristische Glücksfall, der 1920 von Jacobus Brits entdeckt wurde, ist drei Meter lang, einen Meter breit und wiegt über 50 Tonnen. Mit einem Volumen von über neun Kubikmetern schlug der zu über 80 Prozent aus Eisen bestehende Gesteinsbrocken vor etwa 80 000 Jahren hier ein. Da immer mehr Souvenirjäger halfen, das Gesamtgewicht Hobas zu verkleinern, wurde der bis dahin größte Meteoritenfund zum Nationaldenkmal erklärt und unter staatlichen Schutz gestellt.

RÜCKWÄRTS MACHT SINN – »SEIDARAP«

Stephans Opa hieß Kronsbein. Der Landvermesser war ein gebürtiger Südwester und hatte eine Farm bei Grootfontein. Oma Kronsbein holte sich den Opa aus dem fernen Berlin in die Wüste, was Grootfontein einen kuriosen Tante-Emma-Laden einbrachte. Ein bisschen verrückt müssen die beiden wohl gewesen sein. Jedenfalls gibt es ihr ziemlich ungewöhnliches Haus in einem ungewöhnlichen Garten, in dem der Opa für diese Gegend ungewöhnliche und fremde Gemüsesorten kultivierte, immer noch. Sylvia und Stephan erzählen eine vollkommen verrückte Geschichte über den alten Kronsbein, der mit dem Motorrad über die Pisten bretterte, nicht immer folgenlos, weshalb er ein Holzbein hatte und wahrscheinlich deshalb seine Farm Seidarap nannte. In Opas Garten gedeihen Avocados, Jackfruit, Pineapple-Guave, Custard-Apple und Mangos immer noch prächtig.

WEITERE INFORMATIONEN ZU GROOTFONTEIN

Übernachten im Seidarap Guesthouse:
www.seidarap.com
Web-Infos zu Grootfontein:
www.grootfontein.com
Museum »Das Alte Fort«:
www.altefortmuseum.de

Die Luxuslodge Onguma bietet von ihren Safari-Chalets den Blick auf ein großzügiges Wasserloch der Wildtiere, was eine Etosha-Safari praktisch von der Terrasse aus möglich macht.

15 Etosha National Park

Das Paradies der Wildtiere

Das Motto in der Etosha heißt »warten«. An einem der zahlreichen Wasserlöcher, die während der Trockenzeit auf Wildtiere wie Magneten wirken. Am wichtigsten Lebensquell der Wildtiere läuft das Etosha-Bühnenstück ganz automatisch ab, auch wenn dort tausend Gefahren lauern, wobei mobile Camper die besten Logenplätze schon einnehmen, wenn der Sonnenvorhang sich hebt.

Unten zieht bis zum Horizont trockenes Farmland vorbei. 20 Hektar braucht ein Rind in dürrer Vegetation, erklärt der Pilot. Folgerichtig umfassen Farmen mit Namen wie Hildesheim, Brandenburg oder Friesland unglaublich große Gebiete – und eine viel diskutierte Landreform sowie der Irrwitz von Politik unter Druck rückt in den Fokus. Knapp über 200 Flugkilometer sind es von Windhoek bis zum Etosha National Park. Nach anderthalb Stunden folgt ein Tankstopp in Tsumeb. Nach weiteren 20 Flugminuten dreht die Nase der Cessna auf eine winzige Piste am Rande der Etosha, Namibias einzigartigem Tierreservat, das mit 22 270 Quadratkilometern halb so groß ist wie die Schweiz. Der »Ort des trockenen Wassers«, wie die Salzpfanne von den Ovambo genannt wird, lässt sich mit Botswanas Okavango-Delta und Südafrikas Krügerpark in einem Atemzug nennen. Die Luxuslodge Onguma bietet von ihren Safari-Chalets den Blick auf ein großzügiges Wasserloch, das unzählige Wildtiere besuchen.

Ongumas Poesie

Das Onguma Tented Camp an der Parkgrenze produziert ein feinfühliges Karen-Blixen-Ambiente. Mit dem Champagnerglas in der Hand lässt sich vom Pool aus die Tränke von Zebras, Kudus und Schakalen beobachten, von schlanken Palmen umstanden. In der Sprache der Hereros bedeutet Onguma »der Ort, den niemand verlassen will«: »Hör auf die Worte des Windes, auf die Stimmen, die dir erzählen, wie Sand und Sonne verschmelzen«, wirbt Onguma in sanfter Poesie. Am nächsten Morgen wird der Pilot zum Game-Driver. Er lenkt den offenen Geländewagen zu einem schilfbestandenen Wasserteich und stellt den Motor ab. Namibia-Safari, erklärt der fliegende Wildlife-Experte den schnellen Stillstand, bedeute nichts anderes als warten. Am nächstbesten Wasserloch. Nach kurzer Zeit schon tanzen kämpferische Gnu-Bullen um eine Kuh, Giraffen verrenken die Hälse, scheu treten Oryxantilopen ans kostbare Nass, das gleichzeitig von Springböcken, nervös hin-

Vom malerischen Fort Namutoni aus (ganz oben) ist man gleich mitten unter den Wildtieren.

und herlaufenden Perlhühnern, Schakalen und Zebras besucht wird. Hyänen stören kurzfristig die »friedvolle« Szene, dabei zeigen über 50 aufflatternde Weißrückengeier beachtliche Flügelspannweiten.

Namutoni – exklusive Herberge

Auf der Rückfahrt ins Camp tauchen Burgzinnen wie Gipskitsch aus der Savanne auf: Namutoni, das ehemalige reichsdeutsche Fort der kaiserlichen Schutztruppe, heute eine von drei staatlichen Lodges im Etosha National Park. Eine Gedenktafel an den frisch geweißten Mauern der historischen Wehrburg erinnert: »Am 28. Januar 1904 ueberfielen 500 Ovambo die Station Namutoni. Sieben tapfere deutsche Reiter schlugen den Angriff siegr. ab. Ehre ihren Namen.« Einige Hundert Ovambo hatten den Vorposten der deutschen Kavallerie überraschend angegriffen, nachdem die Hauptbesatzung abgezogen war und nur noch ein Notposten Wache schob. Der konnte die erste Attacke der Ovambo-Krieger zwar abwehren, doch zogen es die Soldaten des Kaisers vor, sich im Schutz der Dunkelheit davonzumachen. Am Folgetag ließ Ovambo-König Nehala die deutsche Wüstenfestung komplett zerstören.

Zwangsarbeiter mussten das Fort, das seit 1950 unter Denkmalsschutz steht und heute eine der schönsten staatlichen Lodges im südlichen Afrika ist, originalgetreu wieder aufbauen. Ilse Steinhoff (*Deutsche Heimat Afrika*, 1939) besuchte das bereits verfallende Fort, das sie als letzte Polizei- und Grenzstation auf der Überlandstraße nach Angola und Ovamboland beschreibt, wo sämtliche Eingeborenen, die nach Südwest einreisten, ihre Waffen abgeben mussten: »Tausende von wilden Tieren, Zebras, Gnus, Springböcke, Löwen und Giraffen äsen dort im paradiesischen Frieden an der großen Salzlecke, die, fast 150 Kilometer breit, sich an der Nordgrenze von Südwest erstreckt, unerschöpfliche Quelle für Büchse und Kamera.«

Walt Disneys Dschungelbuch

Die Nacht in Onguma wird unruhig – was für ein Löwengebrüll. Der »Ort des trockenen Wassers« fängt die Abflüsse des Okavango im Osten und des Ekuma und Oshigambo im Norden als Tränkwasser auf. Wenn es denn welches gibt. Meist ist die 5000 Quadratkilometer große Salzpfanne komplett ausgetrocknet und nur an wenigen Tagen im Jahr eine mit Wasser gefüllte Lagune. Vor allem dann, wenn nach heftigen Regenfällen der Oshigambo River im Norden oder der Ovambo River im Osten Hochwasser führt, verwandelt sich die salzige Ödnis in ein Nahrungsparadies für Flamingos und Pelikane. Die schmalen Vegetationsstreifen am Rande der Etosha – Gras- und Dornsavannen hauptsächlich sowie Buschland und Trockenwald – bilden den Lebensraum einer vielfältigen Tierwelt, die sich aus 340 Vogelarten, 114 Säugetier- und 16 Reptilien- und Amphibienarten zusammensetzt.

Schon 1907 hatte der erste deutsche Zivilgouverneur Friedrich von Lindequist dieses einzigartige Naturphänomen als Heimat von Löwen, Hunderttausenden Flamingos, Elefanten und Spitzmaulnashörnern zum Schutzgebiet erklärt. Seine Sorge um die Dezimierung bestimmter

Tierarten war es, die ihn die Etosha-Pfanne samt angrenzender Gebiete zu einem knapp 99 526 Quadratkilometer großen Reservat erklären ließ. Seit 1970 besteht der Etosha National Park in seiner jetzigen Ausdehnung – nur noch gut ein Fünftel der Fläche von Lindequists. Einer letzten Tierzählung zufolge leben zurzeit etwa 300 Löwen im Etosha National Park, 8000 Oryx, 700 schwarze und wenige Hundert weiße Nashörner, 2500 Giraffen, 4000 Gnus, 6000 Zebras, 2000 Elefanten und um die 20 000 Springböcke, die sich dank artesischer Brunnen und von Grundwasser gespeisten oder vom Menschen angelegten Tränken prächtig vermehren. Zwischen November und April herrscht Regenzeit, dann sind die Wildtiere nicht unbedingt auf die Tränken angewiesen. Deshalb ist die beste Reisezeit für die Etosha die Trockenzeit zwischen Mai und Oktober. Das durch Elektrozäune gesicherte Areal machen 700 Kilometer gut befahrbare Pisten leicht zugänglich. Durchschnittlich 200 000 Besucher kommen pro Jahr. Die Pisten verbinden etwa hundert Wasserlöcher mit exotischen Namen wie »Olifantsbad«, »Gemsbokvlake« oder »Halali«, die im östlichen Teil des Parks mit dem eigenen Pkw angefahren werden können. Die gesamte westliche Parkhälfte ist allerdings nicht frei zugänglich. Seinen ganz privaten Game Drive vom Fort Namutoni aus zu starten, das hat etwas: Die historische Etosha-Herberge garantiert Wildlife vom Allerfeinsten gleich vor ihren Toren.

JUBILAR SALZPFANNE

Zum hundertjährigen Bestehen der Etosha im Jahr 2007 wurden die drei staatlichen Camps der Namibia Wildlife Resorts »Halali«, »Okaukuejo« und »Namutoni« durch eine Investitionsspritze von 6,5 Millionen Euro herausgeputzt. Das namibische Nationaldenkmal Namutoni beherbergt ein Museum und bietet Unterkünfte vom einfachen Zeltplatz bis zur Luxussuite. Allabendlich versammeln sich Besucher zum spektakulären Sonnenuntergang auf den Burgmauern. Der grandiose Ausblick wird manchen Gedanken auf den 28. Januar 1904 lenken, während der Hornist zum Einholen der namibischen Flagge bläst. Info für Selbstfahrer: Normale Pkws reichen für die meisten Pisten aus; alle drei Camps haben Tankstelle und Lebensmittelladen; zwischen Sonnenuntergang und Sonnenaufgang sind Fahrten untersagt (www.nwr.com.na).

WEITERE INFORMATIONEN ZUR ETOSHA

Übernachten: An der Parkgrenze liegen die exklusiven Safari-Domizile The Fort on Fisher's Pan, www.onguma.com, sowie das Onguma Luxury Safari Tented Camp, www.ongumanamibia.com

Infos in Deutschland: www.ExclusiveTravelChoice.com

Schier unglaublich ist ein Sonnenuntergang im Mowani Mountain Camp in der Nähe von Twyfelfontein: Seine Felsskulpturen machen das Damaraland beinahe so attraktiv wie seine zahlreichen und sonst sehr seltenen Wüstenelefanten.

16 Damaraland – »The Place of God«

Landschaft mit bizarren Skulpturen

Frappierender könnte der Kontrast nicht ausfallen: zwischen den flachen, buschbestandenen und beinahe lieblichen Landschaften der weiten Savanne, durch deren Gräser der Wind streicht, und den unfassbaren Felsmonolithen und Felsplateaus, die sich im Damaraland mittendrin auftürmen – faszinierend in Formen und Farben – in denen nicht nur Schlangen und Skorpione, sondern auch die Buschleute zu Hause sind.

Wer als Selbstfahrer unterwegs ist und noch weiter in die nördlichen Landesteile Namibias will, muss sich am Standort Etosha entscheiden. Ein Blick auf die Karte zeigt: Von hier aus geht es rechts über Grootfontein in Richtung Caprivi-Zipfel, links durch das Kaokoland bis zur Skelettküste und nach oben ins Terrain des »O« – ins fluss- und seenreiche Ovamboland. Dort versammeln die Verwaltungsbezirke Oshikoto, Ohangwena, Oshana und Omusati Provinzstädte und Ortschaften wie Ongwediva, Ondangwa, Onaanda, Okalongo, Ongulumbashe, Onamandongo und Ongadjera sowie ein Dutzend weiterer Zungenbrecher mit dem gleichen Anfangsvokal. Auch die Hauptstadt der Ovambo, Oshakati, trägt zur phonetischen wie geografischen Verwirrung bei.

Abschied vom Aquarell

Am nächsten Morgen brummt die Cessna noch eine Weile über die endlosen Weiß- und Pastelltöne der Etosha-Pfanne – in der Tat erschließt sich die volle Schönheit dieses Naturwunders dem Betrachter erst aus der Luft: So wie quellende Wolken am Himmel durch den Pinsel des Windes zum Kunstwerk werden, zeichnen unten Sand, Wasser und blauweißliche Salzlaken ein überdimensionales Aquarell, zusammen mit Braun- und Ockertönen und zartem Grün an den Ufern. Kurz darauf kommen dem heiße Luft rührenden Propeller Canyons, Trockenflüsse, getürmte Steinklötze und starre Felssäulen entgegen, es sind die wild zersägten Gebirgszüge des Damaralands. Mehr als 500 Straßenkilometer sind es von der östlichen Etosha über Khorixas bis Damara, über Luftlinie nur halb so lang. Im Tiefflug brummt die Einmotorige über einen schmalen Savannen-Airstrip, um eine dort grasende Herde Hartmannzebras zu verschrecken, und setzt erst beim zweiten Landeanflug auf.

M'wanes felsige Kunstwerke

Das klobige Unimog-Fahrzeug, das Trockenbettflüsse auch dann durchquert, wenn sich nach Regenfällen rauschende Fluten darin sammeln, mahlt sich mit dicken Ballonreifen durch den trockenen Sand. Wüstenelefanten ziehen friedlich an baumbestandenen Uferrändern entlang, eines der selten gewordenen Black Rhinos stampft schnaubend davon. Eine rötliche Staubpiste schlängelt sich durch bizarre Steintürme aufwärts. Und dann wird aus Landschaft Skulptur: Perfekt rundgeschliffene Basaltkugeln, meterdick, warten auf Vorsprüngen, als würden sie in nächster Sekunde losrollen. Manche der Riesenmurmeln klaffen auseinander wie Spaltholz, von Götterhand in zwei gleichgroße Hälften geschlagen. Auf der Spitze dieses Felstraumas versteckt sich das Mowani Mountain Camp zwischen Steinquadern, Säulen und Kugeln: Haupthäuser mit Domkuppeln aus Reetgras, vereinzelt Luxuszelte, die auf Stelzenplattformen wie Adlernester über der Tiefebene schwingen. Wer gegen fünf Uhr den Programmpunkt »Sundowner« auslässt, verpasst auf einem Felsplateau hoch über den Dächern der Lodge die große Attraktion: Eine 360-Grad-Vorführung des pastellfarbenen und später glutrot werdenden Bergpanoramas von entrückender Schönheit. Nicht ohne Grund heißt Mowani oder »M'wane« auf Damara »Platz Gottes«. Der Barkeeper bringt die Eiswürfel zum Gin-Tonic zu langsam ins Glas, jede Sekunde hier oben zählt wie eine Stunde.

Abends in der Boma, am Feuer, kursieren die Geschichten: »Du stehst mit dem Gewehr im Anschlag und siehst einen mähnigen Löwen mit Riesensprüngen auf dich zurasen. Du weißt, bei drei Metern Abstand musst du abdrücken, um dich zu retten. Und du hast die Hoffnung im Hirn, dass er sich im letzten Moment doch noch anders besinnt.« Am nächsten Tag stehen die legendären Felsgravuren von Twyfelfontein, der »Versteinerte Wald«, die »Orgelpfeifen« und der »Verbrannte Berg«, die allesamt nahe Mowani liegen, auf dem Programm.

WÜSTENELEFANTEN

Sie haben sich ihrer Umgebung hervorragend angepasst und können lange Strecken ohne Wasser wandern. Im Sandboden verstecktes Nass graben sie mit ihren Rüsseln aus. Wüstenelefanten leben in Gemeinschaften, werden wie ihre Kollegen im Busch bis zu vier Meter groß und bis zu sechs Tonnen schwer. Damit es dazu kommt, müssen sie täglich 300 Kilogramm Grünzeug von Bäumen und Sträuchern rupfen und rund 200 Liter Wasser trinken. Allein das Herz eines Elefanten wiegt durchschnittlich 25 Kilogramm. In Herden zwischen sechs und 200 Tieren ziehen die Dickhäuter durch Trockenbettflüsse und die weiten ariden Landstriche. Elefantenkühe stillen ihre Babys vier Jahre lang und werden sehr nervös, wenn sie für ihre Kälber Gefahr wittern. Obwohl ein Elefantenbulle über drei Meter lange Stoßzähne hat, gelten die Dickhäuter allgemein als gutmütig und friedlich, wenn sie sich nicht unmittelbar bedroht fühlen.

WEITERE INFORMATIONEN ZUM DAMARALAND

Übernachten: Mowani Mountain Camp, www.mowani.com und Damara Mopane Lodge, www.gondwana-collection.com

Exkursionen durch das Damaraland: www.namibia-tracks-and-trails.com

Die Brandberg-Region brennt sich in doppeltem Sinne ins Gedächtnis ein – mit ihrer sengenden Hitze und mit ihren atemberaubenden Naturbildern (Mitte und rechts). Den Zebras macht die Temperatur zum Glück wenig aus.

17 Namibias Bergwelten

Brandberg, Spitzkoppe & Co.

Auf den ersten Blick erscheinen Namibias Bergwelten als brütend heiße, abweisende, ausgebrannte Geröllwüsten, die bis zu 2500 Meter Höhe in den sengenden Sonnenhimmel ragen. Wer sich einlassen kann, wird einzigartige Outdoor-Paradiese entdecken, die nicht nur Wanderer und Bergsteiger begeistern.

Wer in einer Cessna in flirrender Hitze das Brandbergmassiv im Damaraland überfliegt, möchte sich auf keinen Fall in der brutzelnden Steinhölle dort unten wiederfinden. Wer sich auf einer Trekkingtour ebendort aufhält, auf einem Felsvorsprung in luftiger Höhe vielleicht sein Nachtlager aufschlägt, wird das gewaltige Sonnenuntergangsspektakel des hitzeverbackenen Wüstenriesen im Kopf behalten für den Rest seiner Zeit. Und er wird noch Jahre später die Abendkühle verspüren beim Gedanken ans berauschende Brandberg-Feuerwerk, das die Himmelsweite nach Sonnenuntergang choreografisch perfekt in Noldes Farbenwelt taucht, während die Nacht sich senkt. Eine Trekkingtour auf dem »Berg der Götter« zu durchleben bedeutet, dem namibischen Nirwana sehr nahe zu sein.

Auch das ist der Stoff, aus dem namibische Träume sind, welche die Fantasie der Heimfliegenden mit Sehnsucht erfüllen und Hunderttausende wiederkommen lassen: zu außerordentlichen Naturräumen mit unermesslichen Weiten, aus denen sich gezackte Felsgebirge erheben, aus der Ebene steigende Formationen, platte Tafelberge inmitten rund geschliffener Hügellandschaften. Wenn nach einer halben Stunde sich in der Endlosigkeit von Ocker und Umbra die Silhouette des Brandbergmassivs zeigt mit Namibias höchster Erhebung, dem 2573 Meter hohen Königsstein, dann wird in der abendglühenden Sonne deutlich, warum er zu den großen namibischen Naturwundern zählt und so viele Besucher fasziniert. Vielleicht nannten ihn die Herero deshalb den »Berg der Götter«.

White Lady – Messum-Krater

In seinem felsigen Territorium geben sich zwischen schmalen Trockenflussbetten und kleinen Schluchten allerlei farbschillernde pflanzliche Vertreter ein hitzebrütendes Stelldichein, dazu neben Springböcken, Bergzebras, Oryxantilopen und Straußen auch Leoparden und Nashörner, Klippschiefer und Eidechsen. Gut vertreten sind hier die Schlangen, darunter die Schwarze Mamba. Selbst

Die skurrilen Felsformationen der Spitzkoppe gehören zu den unschlagbaren Motiven der namibischen Bergfotografie; aber auch faszinierende Reptilien sowie farbschillernde Papageien und kunstvolle Malereien wie die »White Lady« vom Brandberg (rechts oben) zählen dazu.

Löwen verirren sich dann und wann in die Brandberg-Region. Eine Attraktion sind zahlreiche Felsmalereien und Gravuren, deren bekanntestes Motiv »The White Lady« heißt. »Die Weiße Dame« soll vor etwa 15 000 bis 16 000 Jahren entstanden sein und womöglich gar keine Dame darstellen, sondern vielleicht einen Schamanen oder einen Stammeskrieger. Der Deutsche Reinhard Maack entdeckte die etwa 45 Zentimeter große Zeichnung 1917 in der Tsisab-Schlucht. Das Brandberg-Massiv erstreckt sich über eine Länge von 30 und eine Breite von über 20 Kilometern und ist nur knapp 100 Kilometer vom kalten Atlantik entfernt. Der massige Granitbrocken geht auf vulkanische Aktivität zurück und bietet in seinem zerklüfteten Inneren zahlreiche Höhlen und Überhänge, die einst den San als Unterschlupf dienten, weshalb zählfreudige Statistiker bislang rund 50 000 San-Kunstwerke zählten. Auch Damaras Messum-Krater besteht aus Granit. Der ehemalige Vulkankrater mit dem stolzen Durchmesser von 22 Kilometern wurde 1848 von dem Briten Captain W. Messum entdeckt und ist mit seinen schroffen Felswänden und wilden Geröllpisten ein Ziel für Four-Wheeler.

Hartmanns-, Huns- und Zebraberge

Eine ganze Reihe von Erhebungen wie der Gamsberg (2347 m), der Hohenstein (2319 m) oder die »Fahlen Kuppen« (1723 m) erinnern mit ihren Namen an deutsche Zeiten. Der Gamsberg lässt sich über den Gamsbergpass fast bis auf Gipfelhöhe motorisiert erreichen, was den Panoramablick auf die

Namib tief unten auf bequemste Weise ermöglicht. Der Hohenstein westlich des Städtchens Karibib, die höchste Erhebung der Erongo Mountains, versammelt um sich herum ebenfalls zahlreiche Felsmalereien, unter anderem das berühmt gewordene Abbild eines weißen Elefanten. Große Anziehungskraft hat Namibias Spitzkoppe (1728 m), die 1946 erstmals bestiegen wurde und ihrer markanten Form wegen auch als das »Matterhorn Afrikas« bezeichnet wird. Der gern besuchte Inselberg aus Granit, der sein hoch liegendes Umland um rund 700 Meter überragt, ist bis heute ein beliebtes Ziel ausländischer wie einheimischer Kletterer. Zudem ist die Umgebung der Spitzkoppe, von der es wenige Kilometer entfernt noch eine kleinere Ausgabe gibt, die Kleine Spitzkoppe (1584 m), mit fantastischen Felsformationen und wunderschön zu laufenden Tracks ein Eldorado für Bergwanderer, die sich die Felsmalereien der

San im »Bushman's Paradise« erlaufen können.
Von einer Besteigung des Königsstein und der Spitzkoppe sollten Unerfahrene absehen und Bergwanderer sich auf anspruchsvolleren Touren einer größeren Gruppe anschließen oder kundige lokale Führer anheuern. Das gilt ganz besonders auch in der Brandberg-Region, wo Fitness und geografisch-klimatische Kenntnisse unter Umständen lebensrettend sein können.

Im Eldorado der Geologen

Beeindruckende Berglandschaften bietet Namibia im Überfluss. Die Hunsberge am Fish River Canyon erreichen 1398 Meter, der Hochstein daneben immerhin noch 996 Meter. Die Gipfel der Grootkarasberge bei Grünau bilden mit dem Schroffenstein (2202 m), dem Kranzberg (1867 m) und dem Gräberberg (1942 m) durchaus eine Herausforderung. Auch die NamibRand Reserve und der Namib Naukluft Park zeigen Größe: Um Wolwedans ragen Zweitausender auf, das Naukluftgebirge geht noch ein wenig darüber. Und dann gibt es noch jene, welche die Hauptstadt Windhoek umstehen, wie die Auas-Berge (2479 m), den Großherzog-Friedrich-Berg (2339 m) und die mäßige Huldigung Kaiser Wilhelms, dem man mit dem Kaiser-Wilhelm-Berg nur 1997 Meter gönnte. Die zerklüftete Gebirgswelt bietet Geologen ein interessantes Territorium, in dem Erdgeschichte auch visuell erfahrbar ist – und nicht nur in Namibias zahlreichen Canyons, deren Steilwände die Schichten der Erdkruste gut erkennen lassen. Wer sich unter fachkundiger Anleitung eine Exkursion durch Namibias Geologie gönnen möchte, kann mit »Terra Africana Safaris« auf eine zwei- oder dreiwöchige Stein-Reise gehen.

NATIONALPARKS UND RESERVATE

Obwohl die namibische Verfassung vorschreibt, dass der Staat Ökosysteme und Artenvielfalt als Erbe der Menschheit zu bewahren hat, ist diese Aufgabe im Wechselspiel der Interessen nicht immer leicht zu erfüllen: Allein Fischerei, Diamantenproduktion und Landwirtschaft erbringen einen Großteil des Bruttosozialprodukts. Dazu kommen Bodenschätze wie Zinn, Kupfer, Uran, Blei und Zink. Trotzdem ließen sich die Naturschutzgebiete des Landes auf 15 Prozent der Gesamtfläche ausweiten, was 123 640 Quadratkilometern oder einem Drittel der Fläche Deutschlands entspricht. Insgesamt gibt es rund 20 staatlich geschützte Gebiete inklusive Nationalparks sowie Meeresschutzzonen, Wildparks und Reservate (www.namibia-tourism.com, www.nwr.com.na). Seit 2008 steht die neueste Errungenschaft, der Sperrgebiet National Park südlich von Lüderitz, auf der Liste.

WEITERE INFORMATIONEN ZU NAMIBIAS BERGWELTEN

Im Brandberg-Gebiet:
www.brandbergwllodge.com
Trekking: www.hauser-exkursionen.de
Stein-Reise: www.diamir.de

Großartige Basaltformationen sieht man bei den »Orgelpfeifen« (Mitte). Fast noch beeindruckender ist die 45 Meter hohe Felsnadel »Vingerklip« (oben). In einer Höhle unter jahrtausendealten Felsmalereien zu sitzen, muss ein ganz besonderes Gefühl sein (rechts).

18 Felsiges Weltkulturerbe

Rock-Art & Weltkulturerbe

Mehr als 2500 Gravuren und Felsmalereien schmücken die beeindruckend schöne Open-Air-Galerie etwa 90 Kilometer westlich von Khoriaxas. Manche der Kunstwerke werden auf ein Alter von 5000 Jahren geschätzt, andere archäologische Fundstätten lassen vermuten, dass hier schon vor 10 000 Jahren Frühmenschen mit Steinäxten auf Großwildjagd gingen, was Namibias Geschichte durchaus einen weiten Horizont verschafft.

Schon die Anreise durch weite Ebenen, auf denen sich sanft im Wind hochgewachsenes Savannengras wiegt, bunt durchpunktet von Wildblumen, ist besonders: Ringsum türmen sich aus dem Flachland riesige Brocken abrupt in den Himmel – als kugelrunde Granitbälle, zackige Bergketten oder in Form kleiner Tafelberge. Hier und dort vervollständigen hochgewachsene Akazien, deren ausladende Kronen Wildtieren in der Mittagshitze wohltuenden Schatten spenden, das malerische Bild.
Mitten durch diesen seltsamen Garten Eden zieht eine Elefantenherde, nur das an- und abschwellende Wehen des Windes ist zu vernehmen. In der Ferne pudert sich eine Kuh mit ihrem Rüssel Unmengen von Feinstaub auf den Körper, hinter ihr übt sich ein winziges Kleines in dieser Technik. Unser klobiges Unimog-Fahrzeug mahlt sich hingegen mit dicken Ballonreifen durch den trockenen Sand.

Open-Air-Galerie für Rock-Art-Connaisseure

Das Naturreservat Twyfelfontein hütet eine ethnologische Schatzkiste, weshalb der Aufstieg in den Felspark nur in Begleitung eines einheimischen Damara-Führers erfolgen darf. Rundpfade führen durch beeindruckende Formationen riesiger Steinplatten, die wie beiläufig auf ein paar tragende Felsquader geworfen sind – sie scheinen schon im nächsten Moment zu kippen. Überdimensionale Bilder zeigen sich auf steinernen Flächen, die dem Himmel im Blickfeld liegen. Eine besondere Energie ist in der felsigen Monumentalanlage zu verspüren, die den Besucher schnell erfasst. Was war der Sinn, wird er sich fragen, der die merkwürdigen geometrischen Formen für die Ewigkeit auf die riesigen Felsplatten brachte?
Wer hat sie geschaffen? Man könnte ihn sich bei der Arbeit vorstellen, versunken in Trance vielleicht, mit seinen Gehilfen:

Ein Damara-Tourguide erklärt die Steingravierungen und Petroglyphen Twyfelfonteins, das nicht weit vom Mowani Mountain Camp (oben Mitte) entfernt ist. Hier lebende Klippschliefer fühlen sich im felsig-heißen Ambiente wohl, menschliche Besucher ziehen die Vingerklip-Lodge (rechte Seite oben) vor.

den tanzenden Schamanen, den Fachleuten für Spiritualität schlechthin.

Weltkulturerbe der UNESCO

Wer auf den Spuren der Rock-Art ohne Hut, Wasser, Sonnenschutz und festes Schuhwerk unterwegs ist, wird seinen Zustand bald schon verfluchen, weshalb der frühe Morgen oder der späte Nachmittag zur Besichtigung zu empfehlen ist. Die zahllosen Gravuren und Felsmalereien, über deren tatsächliches Alter Experten immer noch streiten, zeigen sich vor allem dann im schönsten Licht. Manche der feingliedrigen Darstellungen werden auf ein Alter von 6000 Jahren geschätzt, andere spekulieren auf einige Hunderttausend. Weitgehend einig sind sich die Fachleute darin, dass es sich um die Kunstwerke steinzeitlicher San handeln muss, die »Twyfelfontein«, »die Quelle, die nur unregelmäßig fließt«, an diesem magischen Punkt inmitten der Geröllwüste hielt. Vermutlich wurden sie in früheren Zeiten reichlicher mit kostbarem Nass versorgt, so zahlreich zeigen sich ihre Petroglyphen, die mit harten Quarzsteinen einige Millimeter tief in weiche Sandsteinplatten geritzt wurden: Giraffen, Oryxantilopen, Springböcke, Strauße, Zebras, Nashörner und Löwen. Am bekanntesten sind der »Tanzende Kudu« und das Bild eines Löwen mit seltsam langem und geschwungenem Schwanz. Auch Seelöwen sind in dieser Manege vertreten, was darauf schließen lässt, dass die Künstler Kontakt zur hundert Kilometer entfernten Skelettküste hatten. »Us ais« nannten die Damara das Felswunder, was so viel wie »Platz zwischen gestapelten Steinen« bedeutet. Ende der

1940er-Jahre tauften europäische Siedler den Platz nach der Quelle, die mit einem Kubikmeter pro Tag nur spärlich Wasser abwarf und ihnen ein Überleben an diesem Ort »zweifelhaft« erscheinen ließ. Seit 2007 trägt Twyfelfontein offiziell den Titel »Weltkulturerbe der UNESCO«.

Musik aus Basalt

Einen Steinwurf entfernt warten mit den »Orgelpfeifen«, dem »Verbrannten Berg« und dem »Versteinerten Wald« drei Touristenattraktionen, die schon von Weitem durch parkende Reisebusse als solche zu erkennen sind. Die »Orgelpfeifen« bestehen aus circa fünf Meter hohen Basaltsäulen, die an einer Böschung stehen und durch Anordnung unterschiedlicher Größen tatsächlich aussehen wie die Pfeifen einer Orgel. Das steinerne Instrument ist ziemlich still, höchstens zollt das Pfeifen des Windes staunenden Besuchern musikalischen Tribut. Vollbracht hat das Werk vor rund 150 Millionen Jahren flüssige Lava, die in eine Gesteinsformation aus Schiefer eindrang und erkaltete.

Der »Verbrannte Berg«

Der »Verbrannte Berg«, der sich rund 200 Meter aus der hitzeflirrenden Ebene erhebt, macht mit seinen Lava- und Schiefergeröllmassen seinem Namen alle Ehre, jedenfalls für fantasievolle Gemüter. Auch hier pausieren vorbeifahrende Tourenbusse, wenngleich sich die vermeintliche Attraktion präsentiert wie eine Erhebung aus Abraumschlacke eines Hochofens. Was die wartenden Busfahrer denken, wenn sich ihre Passagiere in sengender Sonne die besten Spots zum aufgeregten Fotoshooting der schwärzlichen Masse ergattern, weiß niemand. Zumindest ist ihnen das merkwürdige Spektakel am dunklen Geröllhügel als Endlosschleife bekannt.

Bäume aus Stein

Im Anschluss an den Schutt- und Ascheberg folgt eines der Highlights der Region, das Nationaldenkmal »Versteinerter Wald«. Ganz sicher findet sich auf dem 60 Hektar großen Gelände kein wirklicher Wald aus versteinerten Bäumen. Doch eine stattliche Menge an liegenden Baumstämmen ist vorhanden: Insgesamt 50 fossile Riesen mit deutlich erkennbaren Jahresringen, die vor etwa 250 bis 300 Millionen Jahren einen Wald bildeten. Manche messen 30 Meter in der Länge und bis zu sechs Meter im Umfang! Stellt man sie sich senkrecht mit einer ausladenden Krone vor, hätte der Betrachter recht stattliche Exemplare vor Augen. Entstanden sind die seltsamen Steinzeugen durch langsames Eindringen von Kieselsäure in ihre Zellen, wodurch die Holzstruktur über Millionen von Jahren durch Silizium ersetzt wurde, sodass sich nun Kieselstein in der Erscheinungsform eines Baumstammes bewundern lässt.

HOFFENTLICH STANDHAFT – »VINGERKLIP«

Vor Millionen Jahren zerrieben die wilden Fluten des heute trockenen Ugab River ein Kalksteinplateau. Nur wenig blieb davon übrig, aber das hat es in sich: Infolge der Erosion ragt eine singuläre Felsnadel als steiniger Phallus 35 Meter hoch auf. Der Umfang des senkrecht stehenden Teils beträgt 44 Meter. Wer von der nahen Felsplattform der Vingerklip Lodge die Wild-West-Kulisse ringsum genießt, begreift, warum dieses afrikanische Monument Valley auch »Arizona von Namibia« heißt. Das Refugium liefert ein phänomenales Ambiente und preisgekrönte Gastronomie, die zum Sonnenuntergang nicht nur Gin-Tonic, sondern zum Dinner im irrwitzigen »Restaurant Eagles Nest« hoch oben auf einer Felskuppe auch feinste Weine vorhält (www.vingerklip.com.na).

WEITERE INFORMATIONEN ZU TWYFELFONTEIN

Übernachten: Twyfelfontein Country Lodge, www.namibialodges.com. Out-of-Africa-Träume vom Feinsten produziert das exklusive Camp Kipwe, www.kipwe.com. Die beiden Wüstenherbergen liegen nur wenige Kilometer vom UNESCO-Weltkulturerbe entfernt.

Die Nashörner sind zweifelsfrei die größte Attraktion von Palmwag, doch die Landschaft ist nicht minder grandios und wird fast ausschließlich von wilden Tieren bewohnt. Auch farbenprächtige Vögel wie den Bokmakirie, einen Buschwürger, kann man vor die Fotolinse bekommen.

19 »Rhino Tracking« in Palmwag

Auf den Spuren der Nashörner

Wer es ins Zentrum von Damaraland geschafft und den Brandberg sowie Twyfelfontein besucht hat, wird über Torra Bay oder Henties Bay auf der atlantischen Küstenroute die Jugendstilperle Swakopmund ansteuern. Seltene Schwarze Nashörner gibt es bei einem Abstecher in die malerische Palmenoase Palmwag am Uniab River zu sehen.

Die Umgebung von Palmwag ist eine Mischung aus weiten Ebenen, aus denen klobige Steinquader ragen, und glutroten Hügeln. Inmitten dieser malerischen Kulisse schaffen es Wüstenelefanten, Schwarze Nashörner, Giraffen und Oryxantilopen vor die Kameralinsen, aber auch Ornithologen bekommen hier Exotisches vor die Ferngläser: Adler und Falken ziehen ihre Kreise sowie der gelb gefiederte Bokmakiri und der Monteiro-Toko, der mit seinem großen, gebogenen Schnabel zu den Nashornvögeln zählt. Zum Glück halten sich Schlangen in der Regel vornehm zurück, obwohl sie in diesem heiß gebackenen Felshabitat reichlich vertreten sind. Nur die Puffotter flüchtet nicht.

Im Nirgendwo der einsamen Landschaft hat sich eine Handvoll luxuriöser Wildlife-Lodges etabliert – der älteste ansässige Betrieb ist die Palmwag Lodge am Uniab River. Reetgedeckte Bungalows sowie Zelte gehobenen Standards stehen zur Auswahl, dazu ein großzügiger Zeltplatz für Camper. Vom Pool aus lassen sich am nahen Wasserloch Elefanten und Spitzmaulnashörner beobachten, wenn sie dort ihre Wasserration holen.

Ein mobiles Desert Rhino Camp

Auch wenn sich die Umgebung auf einigen schönen Tracks zu Fuß erkunden lässt, ziehen die meisten Besucher im 450 000 Hektar großen privaten Konzessionsgebiet der Wilderness-Safaris-Lodge organisierte Tagesausflüge im Allradfahrzeug vor. Obwohl auch Raubtiere wie Löwe, Leopard und Gepard auf der Beobachtungsliste stehen, ist die Entstehungsgeschichte der Lodge vor allem mit dem »Save the Rhino Trust« verbunden, der sich seit über zwei Jahrzehnten für die Rettung bedrohter Schwarzer Nashörner einsetzt. Den engagierten Mitarbeitern des Hauptsponsors des Trusts, »Wilderness Safaris«, ist es zu verdanken, dass sich der Bestand der prächtigen Tiere, die während der 1980er- und 1990er-Jahre durch Wilderei beinahe ausgerottet waren, wieder erholt hat: Seit Gründung der Organisation im Jahr 1994 hat sich ihre Anzahl beinahe verdoppelt! Da sich in Palmwag

fast alles um die weltweit größte freilebende Spitzmaulnashorn-Population dreht und das Besucherinteresse groß ist, wurde zusätzlich zur Hauptlodge ein mobiles Desert Rhino Camp konzipiert, das sich den veränderten Standorten der Nashörner anpasst und seinen Gästen die größtmögliche Nähe zu den Tieren ermöglicht. Im Mittelpunkt aller Aktivitäten steht hier das »Rhino Tracking«, bei dem es zu Fuß und deshalb in Begleitung eines erfahrenen Fährtenlesers, des Trackers, auf Spurensuche geht.

Rhinozerosse – drei Tonnen Masse

Wenn solch ein Drei-Tonnen-Koloss plötzlich in greifbarer Nähe und auf Augenhöhe vor einem steht, ist ein erhöhter Adrenalinspiegel garantiert. Im schnellen Galopp vibriert der Boden! Rhinos sind kurzsichtig, haben aber einen hervorragenden Geruchssinn und ein präzises Gehör, weshalb sie oft sehr schreckhaft reagieren. Ihr einziger Feind ist der Mensch, von dem sie nichts wollen, weil er ihnen nicht schmeckt. Reizen sollte man sie allerdings nicht. Durch Wilderei sind die überwiegend friedlichen Vegetarier noch immer vom Aussterben bedroht, obwohl es dank intensiver Schutz- und Aufzuchtprogramme in ganz Afrika wenigstens wieder 1000 Spitzmaulnashörner und 8000 Breitmaulnashörner gibt. Die Bezeichnung Schwarzes oder Weißes Nashorn hat übrigens nichts mit der Farbe zu tun, sondern mit der Gestalt des Mauls: Aus »wide« für »breit« ist irrtümlich »white« geworden. Wer nach einer prickelnden Rhino-Begegnung ins Camp zurückkehrt, kann sein Out-of-Africa-Feeling in stilsicherem Ambiente mit eisgekühltem Champagner genussvoll in sich ausbreiten lassen.

NACHHALTIG – ETENDEKA

Anderthalb Offroad-Fahrstunden von der Palmwag Lodge entfernt hat sich Dennis Liebenberg in Sichtweite der Grootberg Mountains seinen Safari-Traum verwirklicht. Das dem Lebensalltag vollends entrückte Etendeka-Camp reklamiert Luxusstatus und ist gleichwohl als ökologisches Nischenprodukt konzipiert. Natürlich gibt es in den acht geschmackvoll eingerichteten Zeltunterkünften zivilisatorische Annehmlichkeiten wie eine Eimerdusche, heißes und kaltes Wasser über eine Solaranlage sowie eine Wassertoilette. Das private, 50 000 Hektar große Konzessionsgebiet wird in Zusammenarbeit mit der hier ansässigen Damara-Gemeinde betrieben – für Hobby-Astronomen gehört der Standort zu den bevorzugten Adressen: Der Nachthimmel ist ohne Irritationen – ein starkes Teleskop macht das glasklare Firmament unschlagbar durchsichtig.

WEITERE INFORMATIONEN ZU PALMWAG UND RHINO TRUST

Damaraland Camp und Palmwag Lodge:
www.wilderness-safaris.com
Save the Rhino Trust:
www.savetherhino.org
Etendeka Mountain Camp:
www.natron.net/tour/logufa

Oben und rechts: Die letzten Krieger der Wildnis, die »Ockermenschen« vom Stamm der Himba, leben weitverstreut im Kaokoland in traditionellen Kralen. Die Herero-Frau (unten) stammt aus Purros; jedes Jahr im August gedenkt ihr Volk in Okahandja seiner schicksalsschweren Geschichte.

Im Refugium der Himba

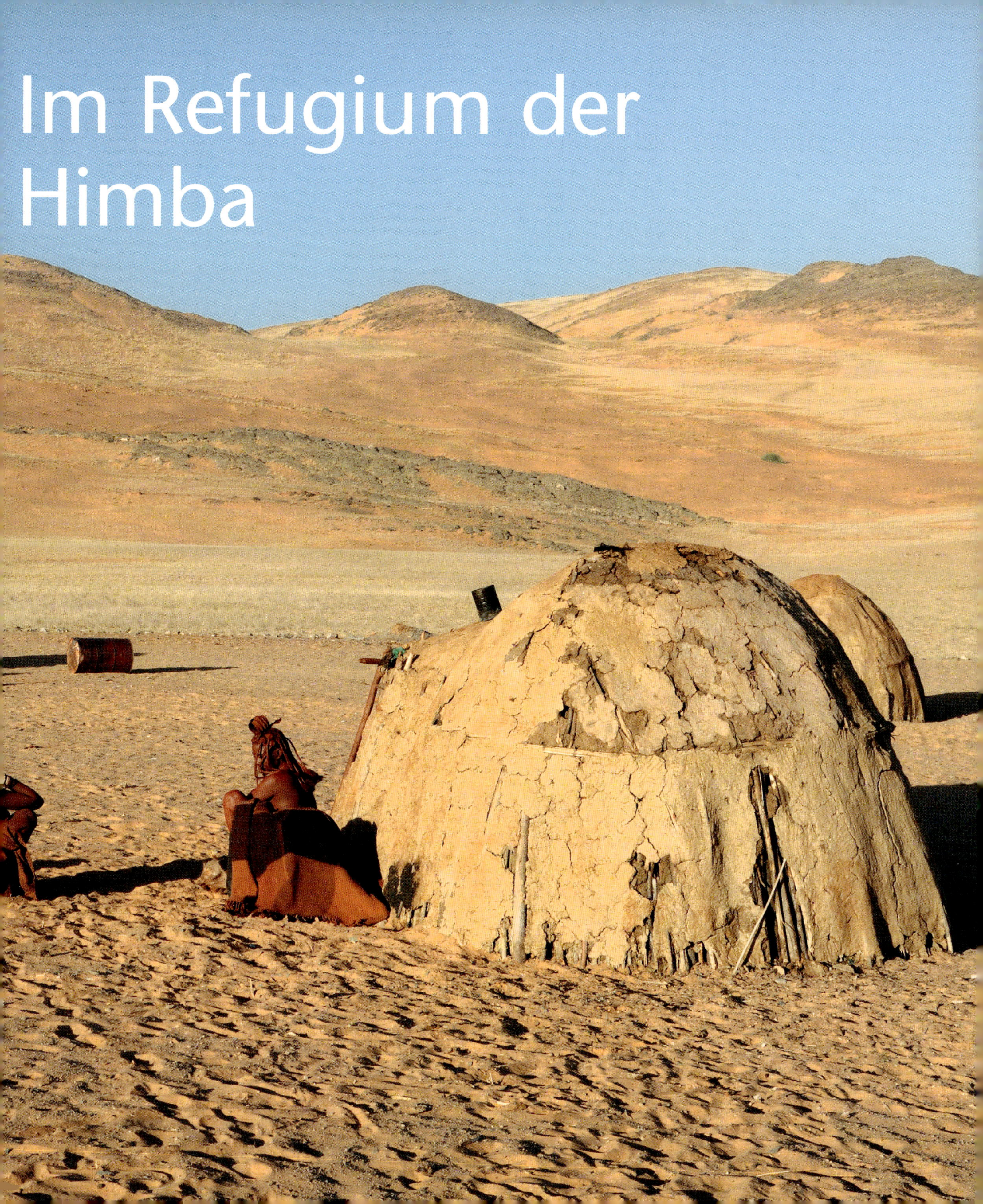

Die Weiten des Kaokolands sind unermesslich, was den bei Palmwag grasenden Oryx ebenso zugutekommt wie den Campern. Die Vorfahren dieses Hererokindes (rechtes Bild) wurden zu Kolonialzeiten durch Seuchen und Heuschreckenplagen stark dezimiert.

20 Expeditionen ins Niemandsland

Unfassbar – das wilde Kaokoveld

Liebhaber skurriler Küstenstrecken, die es von Swakopmund bis zum Cape Cross geschafft haben, werden von hier aus gleich weiter nach Norden fahren, um noch eine Weile die unwirkliche Szenerie dieser Route zu genießen, bevor es in die massive Welt des hoch gelegenen Kaokovelds geht. Dort wartet ein maßgeschneidertes Terrain für Allradfahrzeuge auf erfahrene Lenker.

Am rechten Wagenfenster präsentieren sich die aufsteigenden Sandberge des Wüstengürtels, am linken stahlblaue Aussichten auf den Atlantischen Ozean – sofern nicht beide Ausblicke durch die berüchtigten Nebelschwaden der namibischen Küste verstellt sind. Sonst gibt es hier nichts außer Robben, flatternden Seevögeln und – mit viel Glück – der Schwanzflosse eines in die Tiefe hinabrauschenden Wals. In Torra Bay wird sich der sinnliche »coastal ride« auf der C 39 in einen fordernden »mountain drive« verwandeln, der hinauf ins Kaokoland führt. Ein wildes Gebirgsland verbreitet sich jenseits des Wüstengürtels, der die atlantische Küste mit hitzebrütenden Sandbergen und Geröllebenen im Würgegriff hält. Das Kaokoveld – nach moderner Lesart die Provinz Kunene – ist synonym für eines der aufregendsten Wildnisgebiete im ganzen Land. Der Aufstieg führt über Palmwag und Warmquelle nach Sesfontein, wo die deutsche Kolonialregierung 1896 einen Militärposten errichtete.

Durch Rhino Country

Die Umgebung von Palmwag erfreut sich eines großartigen Tierreichtums. Der hat nicht nur die luxuriöse Palmwag Lodge hervorgebracht, sondern unterhalb der Grootberg Mountains auch die Öko-Herberge Etendeka Mountain Camp. Von Sesfontein aus sind es auf der gut befahrbaren Schotterstraße bis nach Opuwo im zentralen Kaokoland noch 123 Kilometer, die manche zu den schönsten Abschnitten im ganzen Land zählen. Auf dem Weg dorthin wechselt alle hundert Meter die Farbe des Bodens – mal erscheint die Piste in Rot, dann wieder in Schwarz, Orange, Dunkelgrau oder Braun. Gesteinsschichten aus Granit, Quarz, Sandstein, Dolomit und Schiefer liefern die Zutaten. Die Strecke verläuft in ständigem Auf und Ab durch Hügel und sanfte Täler, es geht durch die Giraffenberge mit bizarren Felsformationen, vulkanartigen Kegeln und Tafelbergen auf beiden Seiten. Kunene, das Hauptstädtchen der Provinz, die einzige größere Ansiedlung weit und breit,

Die weit versprengt lebenden Himba, eine Untergruppe der Herero, waren zivilisatorischen Maßnahmen aufgrund ihrer Isolation in den Weiten des Kaokolands weitgehend entzogen. Dies ermöglicht ihnen heute noch ein traditionelles Leben. Rechts oben: Fröhliche Pause in einer namibischen Primarschule.

zeigt ein Gemisch aus Himba-Hütten und schmucklosen Betonbauten. Noch immer tauchen im Straßenbild halbnackte Himba sowie stolze Herero in wilhelminischer Tracht auf. Jenseits der Stadtgrenzen geht die schmucklos-urbane Ansammlung dann schnell wieder in Wildnis über.

Ein leeres Land

Die halbnomadischen Viehzüchter leben wie eh und je in einer extrem trockenen Region, die mit 50 000 Quadratkilometern größer ist als die Niederlande. Immer noch weitab vom Rest der Welt zwischen Skeleton Coast, Etosha und der angolanischen Grenze gelegen, konnten sich die Himba und Herero hier ihre kulturelle Eigenständigkeit weitgehend bewahren. In letzter Zeit wird das abgelegene Kaoko-Gebiet allerdings für Besucher immer attraktiver. Über den Nervenkitzel abenteuerlicher Geländefahrten und die Freude am lokalen Wildlife hinaus ist diese letzte nahezu unerschlossene Region eine der schönsten Landschaften Namibias – mit violett und grünlich schimmernden Granitbergen, tief eingeschnittenen Trockenflussbetten und einzigartiger Wüstenvegetation. Wüstenelefanten, Spitzmaulnashörner, Oryxantilopen, Bergzebras, Giraffen und Kudus haben zwischen den Tönnesenbergen, den Giraffenbergen und den Schwarzen und Fahlen Kuppen ihr malerisches Revier. An der Westgrenze des Ambolandes fällt der Kunene tosend über den Rand der südafrikanischen Tafel. Auch das ist der Stoff, aus dem namibische Träume sind – der Hunderttausende Namibia-Besucher immer wieder zurückbringt.

Geländeerfahrung gefragt

Wer nicht geländeerfahren ist, sollte nur bis Opuwo fahren und sich lieber einer der gut ausgerüsteten Kaokoland-Expeditionen anvertrauen, um die berauschenden Naturbilder sorgenfrei genießen zu können. Oder besser noch auf eine Fly-in-Safari gehen, welche die landschaftlichen Höhepunkte aus der Vogelperspektive sichtbar macht. Individualreisenden wird geraten, im Konvoi zu fahren, also mit mindestens zwei Fahrzeugen, und gutes Karten- und Infomaterial, ausreichend Wasser-, Nahrungsmittel- und Treibstoffvorräte mitzuführen. Hindernisse, die sich im Kaokoveld auftun, sind unberechenbar. Wer sich als Unbedarfter beispielsweise dem Van-Zyl's Pass nähert, möchte beim Anblick der Strecke am liebsten sofort wieder umkehren. In der Regel fordert die dürftige Infrastruktur mit ihren teilweise sehr schwierigen Verkehrswegen, die fast ausschließlich aus Sand- und Schotterpisten bestehen, geübte Offroad-Enthusiasten erst richtig heraus, gerade wenn nur noch GPS als Navigationshilfe zählt.

Den Menschen begegnen

Wer in der Einsamkeit nicht nur beeindruckende Landschaften sehen, sondern auch die Menschen, die darin leben, kennenlernen möchte, dem hilft die Community Based Tourism Assistance (NACOBTA) auf sehr spezielle Weise. Die nichtstaatliche Organisation hilft sozialen Kleingruppen, auf der Basis ökologisch-nachhaltiger Bewirtschaftung natürlicher Ressourcen am Tourismus teilzuhaben. Die NACOBTA fungiert dabei als Bindeglied zwischen interessierten Dorfge-

meinschaften und dem staatlichen Managementprogramm für den Schutz und die Erhaltung der Naturschätze und wird gefördert durch WWF, USAID sowie Joint Ventures mit etablierten Lodges. Gleichzeitig nimmt die Organisation für alle ihr angeschlossenen Camps zentral Buchungen entgegen. Inzwischen unterhalten zahlreiche solcher Communities an landschaftlich reizvollen Stellen Campsites, wo den Reisenden neben der Übernachtung auch Kontakt zur einheimischen Bevölkerung vermittelt wird. Zum Beispiel im Camp Okarohombo: Dort betreiben lokale Himba aus der angestammten Dorfgemeinschaft am Kunene River zwischen den Hartmann- und den Zebrabergen einen Zeltplatz mit Grillstelle, Wasseranschluss, Duschen und WC: »There is a paradise at the end of the world, that has a name: Marienfluss Valley«, bewerben sie ihr ungewöhnliches Projekt und beschönigen dabei nichts (www.nacobta.com.na).

VOLKSGRUPPEN UND SPRACHEN

Die afrikanischstämmige Bevölkerung Namibias setzt sich aus den Ethnien der Herero, Nama, Tswana, San, Himba, Kavango, Ovambo, Rehobother Baster, Damara und Caprivianer zusammen, die mit den Namibiern europäischer Herkunft – Engländer, Deutsche, kapholländische Buren – eine multikulturelle Gesellschaft und seit 1990 eine gemeinsame Nation bilden. Die Ovambo, die überwiegend im nördlichen Landesteil an der angolanischen Grenze leben, stellen knapp die Hälfte der 2,1 Millionen Einwohner, während die weißen Namibier nur auf rund 100 000 kommen. Die offizielle Amtssprache ist Englisch, was von Vorteil ist, weil auf namibischem Territorium außer Englisch und Afrikaans noch über zwei Dutzend weitere Sprachen und Dialekte gesprochen werden. Allerdings ist die Amtssprache nur für wenige Prozent der Gesamtbevölkerung auch die Muttersprache.

WEITERE INFORMATIONEN ZUM KAOKOVELD

Expeditionen unter sachkundiger Leitung im Kaokoveld: Namibia Tracks & Trails, www.namibia-tracks-and-trails.com
Travel-Infos für Offroader: www.safari-shop.de/TravelGuides.Road.d.html

Weitverstreut liegen die nomadischen Camps der Himba am Fuße sanfter Berghänge, zwischen den Ausläufern riesiger Sanddünen oder am Rand rauer Schotterebenen. Die seltenen Wüstenelefanten verhalfen der luxuriösen Okahirongo Elephant Lodge in Purros zu ihrer exotischen Bezeichnung (rechts oben).

21 Im Flusstal von Purros

Wüstenelefanten und die Krale der Himba

Nach Purros, das östlich der Grenze des Skeleton Coast Park liegt, führt eine staubige Sand- und Schotterpiste, die in Seisfontein ihren abenteuerlichen Anfang nimmt. Ohne Vierradantrieb ist sie nicht zu bewältigen, weshalb sich der Verkehr in Grenzen hält. Schon lange bevor ein Fahrzeug ins Blickfeld kommt, wird es durch aufgewirbelte Staubfahnen verraten.

Schon der Anflug gerät zum Bildertraum. Unwirklich die Szenen, während die Cessna im Tiefflug durch den Canyon des Hoarusib River kurvt – wie sich das grün gesäumte Flussbett durchs aride Felsland windet, an den letzten verbliebenen Wasserlachen Wüstenelefanten, Schwarze Nashörner, Giraffen und Löwen. Auf einer von Bergketten gesäumten Sandebene, die ein schlapper, roter Windsack als Airstrip von Purros kennzeichnet, kommt die Cessna zwischen Palmenhainen und Himba-Siedlungen zum Stehen.

Von der Landepiste aus sichtbar, thronen auf einem Bergrücken über dem Purros-Tal die neun eigenwillig gestylten kubischen Wohnwürfel der Okahirongo Elephant Lodge. »Rooms with a view« –, also Zimmer mit unvergleichlichen Ausblicken auf die skurrilen Landschaften ringsum bieten die kubischen, in ocker-, honig- und sandfarben gehaltenen Wohnwürfel des noblen Camps, das per Fly-in oder eben vom hundert Kilometer entfernten Sesfontein aus auf der Piste der D 3707 in zwei bis drei Stunden zu erreichen ist.

Prima Klima für Landrover und Landcruiser

Allerdings geht auf der rustikalen Sand- und Schotterpiste ab Sesfontein ohne Vierradantrieb und guter Bodenfreiheit nichts mehr. Der Blick der Gäste richtet sich hauptsächlich auf die seltenen Wüstenelefanten, die es in der Umgebung von Purros zahlreich gibt, sowie auf die Himba, die hier in unmittelbarer Nähe der Lodge in ihren Kralen leben. Manche der »Ockermenschen« ziehen ihre traditionelle Lebensweise der modernen Welt, die immer näher an sie heranrückt, ganz bewusst vor. Andere schicken ihre Kinder in die Schule nach Purros, um ihnen die Chancen in einem sich rasant entwickelnden Namibia nicht zu verbauen. In einem der Krale führt eine barbusige Himba, vor einem heißgebackenen Lehmhäuschen sitzend, Besuchern vor, wie sich Himba-Frauen ihren Körper mit Ockerfarbe einschmie-

ren, und posiert geübt für die obligatorischen Fotos. Die sich im Anschluss in klingende Münze verwandeln, wenn selbst gebastelte Souvenirs in der Nachbarhütte zum Verkauf gebracht werden.

Übernachten bei Himba-Kriegern

Das kuriose Purros ist aus den Ansiedlungen der Himba entstanden. Zwei Kilometer nordöstlich der Ortschaft befindet sich ein Projekt der Namibia Community Based Tourism Association (NACOBTA). Wer dorthin will, muss einer einzelnen Fahrspur folgen, die mit Glück ausgeschildert ist, oder nachfragen, wenn sich überhaupt ein Mensch zeigt an diesem Ende der Welt. Falls der Wagen nicht im tiefen Sand stecken bleibt, landet er unter den ausladenden Kronen Schatten spendender Bäume auf einem idyllischen Campingplatz, der vier großzügige Zeltparzellen mit Grillplatz, fließendem Wasser, Dusche und Wassertoilette bietet. Es gibt sogar eine Bar mit gekühlten Getränken, was im trockenheißen Ambiente auf einem Zeltplatz in Purros der wahre Luxus ist. Freundliche Himba-Guides stehen bereit, um auf Nature Walks und bei Kral-Besuchen ihre Heimat zu erklären. Wüstenelefanten können mitten in Purros jederzeit auftauchen, ebenso im Zeltcamp. An Wildtieren zeigen sich im nahen Canyon des Hoarusib River außerdem noch Schwarze Nashörner, Giraffen, Kudus, Zebras, Strauße und manchmal auch Löwen. Nur 65 Kilometer entfernt von hier brandet der Atlantik an die wilde Skelettküste, deren Geheimnissen sich hier niemand entziehen kann, weshalb auch vom Purros-Airstrip Sightseeing-Flüge zur Skeleton Coast starten. Da kann es passieren, dass der Pilot, der seine Wracks genau kennt, nicht nur von historischen Unglücksfällen zu berichten weiß. Auch moderne Schiffe mit Stahlrümpfen nebst Funk und Radar versinken vor Namibia immer wieder, selbst Flugzeuge trifft der Fluch dieser magischen Küste: Am 13. September 1997 stieß hier eine Transportmaschine der Bundeswehr mit einem amerikanischen Airlifter zusammen. Beide Flugzeuge stürzten vor der Skelettküste ins Meer.

GESUNDHEITSVORSORGE – VOR ALLEM IM NORDEN

Malariaprophylaxe oder eine Standby-Medizin wird nur für den Norden (Kaokoveld, Etosha, Damaraland, Ovamboland, den Caprivi sowie die Viktoriafälle) empfohlen, vor allem während der Regenzeit zwischen November und Mai. Stets gilt: Am besten Moskitostiche von vornherein vermeiden! Dabei helfen Moskitonetze, gute Abwehrsprays und schützende Kleidung. Vereinzelt ist dort auch mit Bilharziose zu rechnen, allerdings nur in stehenden oder langsam fließenden Gewässern. Also Vorsicht beim Baden, auch wegen der Krokodile! Überlegenswert sind weitere Vorsorgeimpfungen wie Tetanus und Hepatitis A und B. Infos darüber gibt es bei den Tropeninstituten sowie im Internet unter www.auswaertiges-amt.de, www.who.int/ith (WHO), www.crm.de (Centrum für Reisemedizin) oder unter www.fit-for-travel.de. Eine Reiseapotheke mit den wichtigsten Medikamenten sowie Ersatz für Brillen oder/und Kontaktlinsen sollte im Gepäck sein.

WEITERE INFORMATIONEN ZU PURROS

Okahirongo Elephant Lodge: www.okahirongolodge.com sowie www.classicsnamibia.com
Purros Campsite: www.nacobta.com.na

Ob romantische Momente bei den Ongongo-Fällen oder besinnliche an den Gräbern der Deutschen Schutztruppe (Mitte, oben) bei Sesfontein: Das Kaokogebiet bietet Naturreisenden nicht nur im Hoarusib River Canyon bei Purros (rechts) berauschende Bilder.

22 Sesfontein

Der letzte Vorposten

Die Bezeichnung der Ortschaft im Wüstenhochland bezieht sich auf die sechs Quellen, die an den umliegenden Berghängen sprudeln. Auf den Wasserreichtum wurde schon die Deutsche Schutztruppe aufmerksam. Sie errichtete um 1900 ein Fort, dessen Besatzung die Rinderpest, den Waffenschmuggel und die Wilderei bekämpfen sollte. Auf dem historischen Soldatenfriedhof erinnern Gräber an längst vergangene Zeiten. Wer auf der C 34 von Palmwag aus kommt, sollte eine Pause für die Hot Springs in Warmquelle einplanen. Im Thermalwasser des natürlichen Pools lassen sich Schweiß und Staub der Pistenfahrt auf erfrischende Weise abspülen. Sehenswert sind die Ongongo-Fälle sowie die Khowarib Gorge, die mit beeindruckenden Bildern aufwartet: Den landschaftlich reizvollen Canyon sägte einst der Hoanib River ins Gestein. Im Sesfontein Fort, das jahrelang dem Verfall preisgegeben war, lässt sich nach umfangreicher Sanierung vortrefflich übernachten (www.nwr.com.na).

23 Epupa-Wasserfälle

Stromschnellen am Kunene

Von Sesfontein aus führt eine Piste, die nur Allradfahrzeuge schaffen, über den Joubert-Pass bis zum Hauptstädtchen der Provinz Kunene, Opuwo. Anschließend geht es auf einer traumhaft schönen dreistündigen Offroad-Tour über die Ortschaft Okongwati sowie durch herrliche Schluchten und Täler des nördlichen Kaokolandes zu den Epupa-Wasserfällen am Kunene, der mit seinen dicht bewachsenen grünen Ufern einen frappierenden Kontrast zur sonst so trockenen Landschaft bildet. Mehrere Campingplätze ermöglichen Besuchern hier die Übernachtung. Zum Beispiel das bildschöne Omarunga Camp, das unmittelbar an den grünen Wassern des Kunene liegt. Vergeblich sucht man hier Wasserfälle im eigentlichen Sinne, es handelt sich vielmehr um geräuschstarke Stromschnellen, in denen sich ein erfrischendes Bad nehmen lässt – mit einem wachsamen Blick auf scheinbar desinteressierte Krokodile. Lohnend sind die beiden vierstündigen Epupa Trails. Der Kachira Trail führt zu einer Himba-Siedlung, der Crocodile Trail am Kunene entlang; der anderthalbstündige Epupa Trail leitet um die Wasserfälle herum (www.nacobta.com.na).

Die Romantik fantastischer Naturlandschaften wie hier bei der Serra Cafema Lodge kann sich schnell in ein Grauen verwandeln, wenn der leibhaftige Teufel in Form eines gefräßigen Nilkrokodils aus den Fluten des Kunene River auftaucht. Links: Ein Baobab-Riese (Affenbrotbaum) in der Nähe der Epupa-Fälle.

Dass es in den zivilisationsfernen Landschaften zwischen heiß verbrannten Gebirgszügen und grünenden Flusstälern des Kunene River tatsächlich von Menschen gemachte Luxus-Oasen gibt, kommt dem Hund am Pool der Okahirongo Elephant Lodge in Purros sicher spanisch vor.

24 Okahirongo River Camp

Traum-Camp an der angolanischen Grenze

Irgendwo im äußersten Nordwesten Namibias liegt bei den Hartmann- und den Zebrabergen ein Tal, das sich verheißungsvoll Marienfluss Valley nennt. Schon der Anflug auf Hartmanns Valley Airstrip gerät zu einem Traum, der sich am Ende des Tals für alle Zeit ins Gedächtnis einprägt, denn dort fließen die dunkelgrünen Wassermassen des Krokodil-verseuchten Kunene River in die ockerfarbene aride Umgebung und machen die Grenzregion zwischen Angola und Namibia zu einem Pflanzenparadies. Hier, an wild bewachsenen Ufern, liegt auf sanften Uferhügeln das Okahirongo River Camp mit überwältigendem Blick auf die wild sprudelnden Otupambua-Stromschnellen und unwirklich scheinende Landschaften.

Was Besuchern vor allem eines vermittelt – tiefen Seelenfrieden. Damit der nicht unnötig gestört wird, bietet das Okahirongo River Camp nur maximal 14 Seelen in fünf Luxuszelten und einer sehr individuellen River-Lodge Unterschlupf. Zu den unvergesslichen Aktivitäten gehören Besuche der umliegenden Himba-Dörfer, Krokodil-Safaris per Boot, Landausflüge durch Dünenwelten und ausgedehnte Wanderungen durchs Marienflusstal (okahirongo@iway.na, www.okahirongolodge.com).

25 Kunene River Lodge

Afrikanische Baobabs und Makalani

Wer Epupa erreicht hat, könnte weiterfahren bis nach Enyandi, einer winzigen Siedlung östlich der Zebraberge. Die malerische Strecke entlang des Kunene zu nehmen ist verlockend, jedoch selbst für professionell ausgestattete geländegängige Fahrzeuge eine Herausforderung. Besser ist die Umfahrung der Zebraberge auf der D 3700. Einige Ovahimba-Familien betreiben in Enyandi Ackerbau in einer biblisch anmutenden Szenerie, und im Schatten eines riesigen Feigenbaumes kann man direkt am Fluss campen. Wer hier eine gestandene Herberge vorzieht, folgt der D 3700 Richtung Ruacana-Fälle und kommt zur Kunene River Lodge. Zwischen mächtigen Affenbrotbäumen und Makalani-Palmen verstecken sich rustikale Chalets und Zeltplätze.

Besuche in den Himba-Dörfern stehen auf dem Programm sowie für sportliche Mountain- und Quad-Biking, Wildwasser- und Kanufahren. Besonders Letzteres ist hier auf dem Kunene River ein beliebter Adrenalinsport: Krokodile sind überall! Die 50 Kilometer bis zu den Ruacana-Fällen bieten malerische Bilder, die am Ziel von den zwei großen Hydro-Elektrizitätswerken in Ruacana konterkariert werden (www.kuneneriverlodge.com).

In der Nähe der Epupa-Fälle residiert das Omarunga Camp im wohltuenden Schatten der Makalani-Palmen, und nicht weit vom Luxus-Camp Serra Cafema entfernt leben diese Himba-Frauen in ihrem traditionellen Kral. Links: Traumhafte Abendkulisse mit riesigen Baobabs.

Bilder aus einer anderen Welt: Zwischen den bizarren Sand- und Felsformationen des Kaokoveld leben die Himba in ihren Dörfern an den Ufern des Kunene. Wie furchtlose Amazonen wirken die hübschen Himba-Mädchen in ihrer traditionellen Aufmachung.

26 Bei den Himba am Kunene River

Serra Cafema, oder das Ende der Welt

An Ursprünglichkeit und Menschenleere lässt sich die abgelegene und völlig wilde Gebirgsregion am Kunene River kaum überbieten. »An diesem Rande, der hier den Namen Kaokofeld führt«, schrieb Georg Hartmann begeistert von der überschwänglichen Natur in sein Kunene-Tagebuch, »beginnen die Flüsse netzartig Hunderte von Rinnen und Tälern einzusägen.«

Als der Geologe, der im Jahr 1900 im Auftrag der deutschen Kolonialregierung unterwegs war, den angolanisch-namibischen Grenzfluss erreichte, notierte er, dass der Kunene immerfort Wasser habe und sich selbst durch die Küstenwüste als ein breiter Silberstreifen mit frisch-grünen Schilfflächen zu beiden Seiten hindurchziehe. Hier also fand sein beeindruckendes »Wildafrika« statt! Mit undurchdringlichen Dornbuschsteppen, Felsgebirgen, Tafelbergen und Sandbergen ringsum und mit einem Reichtum an exotischen Wildtieren, die sich hier in der namibisch-angolanischen Grenzregion ebenso wie die stolzen Himba ihr ungestörtes Refugium erhalten konnten. Viel hat sich nicht geändert seither.

Zu Besuch bei den Ockermenschen

Weitgehend unberührt von den Wirren der Kolonialzeit blieben die hier lebenden Himba-Stämme, die teilweise bis heute in ihren abgelegenen Bergregionen eine steinzeitliche Existenz führen. Die Ockermenschen, die ihre Haut mit einem Gemisch aus eisenoxidhaltiger Erde und Ziegenbutter vor der brennenden Sonne schützen, leben in mit Lehm und Dung verputzten Rundhütten. Dort brennt noch immer 24 Stunden am Tag das Heilige Feuer Okuruwo, an dem das Makera-Ritual zelebriert wird, wenn der Sippenführer, der Headman, seine Vorfahren darum bittet, die Milch der Kühe von bösen Tabus freizusprechen. Erst dann können sie gefahrlos trinken. »Ihr müsst unbedingt darauf achten«, erklärt Richard, unser Guide, »den Headman zuallererst zu begrüßen. Seine Hütte ist immer die, deren Eingang genau dem Einlass des Krals gegenüberliegt.« Als Halbnomaden, die von Schafen, Ziegen und Kühen leben, ziehen die Männer mit ihrem geheiligten Vieh umher, graben Löcher in sandige Flussbetten, um an das Grundwasser zu kommen, während ihre Frauen, die kunstvoll gefertigten Kupfer- und Lederschmuck tragen, mit den Kindern im Kral bleiben. Fraglich ist, wie lange sich die Himba den

In schönster Lage: die Serra Cafema Lodge (Mitte und rechts oben) an den Ufern des Kunene River, dessen Fluten von stattlichen Flusskrokodilen durchpflügt werden. Von dort blickt man auch auf die Hartmannberge (rechts oben).

Verlockungen der modernen Welt noch entziehen können. Schon jetzt präsentieren hübsche Himba-Mädchen ihre Nacktheit immer häufiger anrückenden Kameralinsen – gegen Entlohnung. Und dort, wo Kontakt zur Außenwelt besteht, in der Nähe von Siedlungen und Lodges, werden längst Souvenirs zum Verkauf angeboten. Die meisten Kinder werden im Rahmen staatlicher und privater Förderprogramme zur Schule geschickt.

Hartmanns Afrika

Georg Hartmann, im Jahre 1865 in Dresden geboren und mit Anna Woermann, der Tochter des Schiffsreeders Adolph Woermann aus Hamburg, verheiratet, gab nicht nur dem bedrohten Hartmannzebra seinen Namen, sondern auch einer malerischen Bergkette, den Hartmannbergen und dem Hartmannstal. Ebendort, zwischen den Hartmann- und den Zebrabergen, lockt am krokodilverseuchten Kunene eines der letzten Abenteuer, das Afrika zu bieten hat! Der Anflug auf Hartmanns Valley Airstrip wird zu einem Hollywood-Breitwand-Spektakel mit verlockenden Einblicken ins bezaubernde Marienflusstal. Zugestaubt parken am Rand der Landepiste ein Geländewagen und eine Cessna. Sie gehören der alteingesessenen Schoemans-Familie, die maßgeschneiderte Safari-Expeditionen in diesem Landschaftsinferno veranstaltet. Noch eine Stunde im Landrover durch obskure Welten aus wüstenhaften Hochebenen, weiten Tälern und wild gezackten Felskämmen, die aus gewaltigen Sandpaketen herausragen. Auf der angolanischen Seite erheben sich bis zu einer Höhe von 2000 Metern die Cafema Mountains. Während der Allradantrieb den Geländewagen vorsichtig einen steilen Sandabhang hinunterbugsiert, beginnt die Zufahrt zum Wundertal: Tief unten schlängelt sich der Kunene dunkelgrün durch Ocker und Umbra, aus den Papyruswäldern längs der Flussufer ragen reetgelb die Giebel der Luxuslodge Serra Cafema heraus. Acht großzügige Pfahl-

bauten mit jeweils 100 Quadratmetern Wohnfläche und geschmackvoll-afrikanischem Interieur sind zwischen Sanddünen und Ufervegetation versteckt und produzieren ein filmreifes Ambiente. Bergtouren, Bootsfahrten und Besuche in umliegenden Himba-Krals schenken unvergessliche Eindrücke.

Land der Krokodile

Bei sternenklarer Nacht, wenn die Stille der archaischen Fluss- und Bergszenerie zum Erlebnisfeld der Sinne wird, hin und wieder unterbrochen vom Klatschen zuschnappender Krokodile, trägt der Wildtier-Experte Richard Jantjies seinen Besuchern gern Geschichten vor aus dieser anderen Welt. Zum Beispiel wie hier vor Kurzem zwei junge Himba durchs seichte Wasser zur anderen Flussseite aufbrachen. Doch nur einer kam drüben an. Nilkrokodile werden bis zu sechs Meter lang, weshalb die Lodge, die mit der ansässigen Himba-Marienfluss-Community eng kooperiert, jederzeit Fährdienste anbietet. Aber Himba sind traditionsbewusst. Sie fahren nicht Motorboot. Berta Tjiundiro lacht herzlich, wenn man sie Tizee ruft. Das hübsche Himba-Mädchen ist gerade 21 Jahre alt, gehört zur Marienfluss-Community und absolviert in der Küche der Serra Cafema Lodge eine Ausbildung zur Köchin. Sie kann weder schreiben noch lesen, behält aber jede zubereitete Rezeptur fotografisch im Kopf. Tizee ist glücklich. Sie sagt, ihr Sprung in diese neue Welt sei vor allem gut für die Zukunft ihrer Kinder. Am Tag darauf zeigt sich vom Boot aus ein Rinderkalb, das von der steilen Flussböschung gerutscht ist und bis zum Bauch im Ufermorast steckt. Es ist klar, was gleich passiert. Grausam sei das, merkt jemand im Boot an. Nicht für die Crocs, antwortet der Bootsführer. So ist die Wildnis. Wenn es Zeit wird, stehen viele Serra-Cafema-Gäste mit traurigen Augen neben ihrem Reisegepäck. Im Bewusstsein, einen jener ganz besonderen Orte zu verlassen. Nichts als Erinnerung wird dem Besucher bleiben.

CAMP SERRA CAFEMA

Mit viel Pioniergeist, Liebe und Idealismus baute Jockel Gruettemeyer ab 1994 zusammen mit seiner Familie das Camp Serra Cafema auf als Basis für seine Overland-Exkursionen im Kaokoland, die er heute noch durchführt. Die einzigartige Lage des Camps ist so beeindruckend, dass die südafrikanische Lodge Company »Wilderness Safaris« den Wildnis-Traum 2007 übernahm. Jockel Gruettemeyer ist immer noch für Serra Cafema tätig und schreibt über seine große Liebe von damals: »Das Camp wird heute in Zusammenarbeit mit der lokalen Bevölkerung in einem Joint-Venture-Programm betrieben und ist mehr eine Flugdestination geworden und somit für den Selbstfahrer nicht zugänglich. Cafema ist und wird hoffentlich eine isolierte Destination bleiben und für den Massentourismus nicht geeignet sein – ein wirklicher Geheimtipp für denjenigen, der ein natürliches Stückchen Erde exklusiv erleben möchte.«

WEITERE INFORMATIONEN ZU SERRA CAFEMA

Serra Cafema/Wilderness Safaris:
www.wilderness-safaris.com
Jockel Gruettemeyers Namibia Tracks and Trails, Swakopmund: www.namibia-tracks-and-trails.com

Den grandiosesten Ausblick auf das Naturspektakel der Skelettküste hat man vom Hochsitz der Wilderness-Safaris-Spezialfahrzeuge: mit Allradantrieb mahlen sie sich durch den feuchten Sand am Atlantik entlang. Auch Begegnungen mit Robben (rechts), Schakalen (Mitte) und Meeresvögeln (oben) gehören dazu.

Verfrorene Küsten

Gewaltige Sandpakete belagern das Skeleton Coast Camp; dort, wo ein Bächlein leise vor sich hinplätschert, kann das Trockenflussbett (rechts) im Nu zu einer reißenden Flut werden. Von Wind und Wasser ausgezehrte Felsformationen trotzen der Fläche, die bis zur tosenden Küste reicht, bis heute.

27 Die Skelettküste

Am eiskalten Atlantik

Starke Strömungen, heftiger Seegang und tückische Untiefen setzten Schiffen ebenso zu wie dichte Nebelbänke, die hier regelmäßig wie weiße Leichentücher über Wasser und Land liegen. Immer noch fordert die unberechenbare Küste Opfer – trotz modernster Ausstattung mit Funk, Radar und Internet. Und stählerner Schiffsrümpfe.

Wer an der Skelettküste auf einem schmalen Strandstreifen unterwegs ist, zur Rechten die sandigen Berge der Namib, zur Linken den tosenden Ozean, mag sich so lange sicher fühlen, bis plötzlich aufkommender Wind die Brandung mehr und mehr auf das Pistenband drückt. Bis es unter Wasser verschwindet. »Höllensand« nannten die portugiesischen Seefahrer ehrfurchtsvoll diesen 100 Kilometer breiten Strandstreifen, der sich zwischen der angolanischen und der südafrikanischen Grenze hinter der 1500 Kilometer langen Küste hinzieht und eine der fremdartigsten Zonen des südlichen Afrikas darstellt.

Eiskalter Atlantik – brutzelnde Wüste

Unberechenbar ist Namibias Nebel. Verursacht werden die gefährlichen Schwaden durch den antarktischen Benguelastrom, der auf die heiße Wüstenküste der Namib trifft. Die ist als spektakulärster Schiffsfriedhof der Welt bekannt und heißt deshalb Skeleton Coast. Mit Hunderten von Schiffsuntergängen verhalf sie zahlreichen Seeleuten zum allerletzten Landgang, denn wer sich nach einem Schiffbruch vor dem Ertrinken zu retten versuchte und es trotz eisigen Wassers und tosender Brandung ans wärmende Land schaffte, den erwartete dort der Durst- und Hitzetod. In der Sandwüste, die sich nahtlos an die Skelettküste anschließt, gab es keine Überlebenschance.

Spektakulärster Schiffsfriedhof der Welt

Am Beispiel der »Orion«, eines Ostindienfahrers mit vier Masten, 24 Kanonen und einer Ladung im Wert von drei Millionen Gulden an Bord, beschreibt der Autor Hans-Otto Meissner 1979 in seinem Buch *Traumland Südwest* das grausame Schicksal gestrandeter Seeleute: »Die Schiffbrüchigen teilten sich in feindliche Gruppen, von denen jede versuchte, auf eigene Faust zu überleben. In verschiedenen Richtungen zogen sie davon, alle in der verzweifelten Hoffnung, dass sie ein Wunder Gottes zu

Der Sand zieht sich in dicken Paketen vom Atlantik bis weit ins Inland hinein. Leben und Tod befinden sich hier dicht beieinander: Der wunderschön blühende Kaktus liegt nicht weit vom Wrack der »Shaunee« entfernt, die erst 1976 bei Walvis Bay strandete.

Menschen oder wenigstens zu Wasser führte. Keinem ist es gelungen, alle sind verhungert und verdurstet. Vermutlich hat mancher, der nichts mehr zu trinken hatte, seinen Kameraden totgeschlagen, der noch ein paar Tropfen bei sich hatte.« Von der sengenden Sonne verblichene Knochen der verdursteten Seeleute blieben aufgrund des trockenen Klimas lange Zeit erhalten, ebenso die Gerippe der gestrandeten Schiffe. Die Skeleton Coast habe mehr Opfer gekostet als jede andere Küste der Welt, so Meissner. Als der Autor vor über 35 Jahren die Wracks aufsuchte, machte die Skelettküste ihrem Namen noch alle Ehre: »Sechzig bis siebzig Meilen weit«, schrieb er damals, »ist noch heute der Strand von den zerschlagenen Resten der Segelschiffe bedeckt. Im Sand und zwischen dem Geröll liegen gebleichte Knochen und Menschenschädel.« Eine der spektakulärsten Rettungsaktionen fand statt, als der britische Frachter »Dunedin Star« 1942 auf Grund lief. Erstmals in der Geschichte der Skeleton Shipwrecks war durch moderne Informationstechnik Hilfe überhaupt möglich.

Das Grabmal der Knochenküste

Trotz Einsatzes von Lastwagen, Flugzeugen und vier Großschiffen dauerte die Bergung der hundert Passagiere unter schwierigsten Bedingungen wochenlang. Dabei wurde der Harvarieschlepper »Sir Charles Elliot« selbst zum Wrack, ein Zwölf-Tonnen-Bomber der Bauart »Ventura« stürzte beim Hilfseinsatz ab, zwei Matrosen verloren ihr Leben. Einer von ihnen war Matthias Koraseb, der vom Nationalmuseum nachträglich ein solides Steingrab zum ewigen Gedenken erhielt, Erinnerungstafel aus glänzendem Messing inklusive. Von Sand und Knochen umweht liegt er in Reichweite der Gischt, stellvertretend für all jene, die es nicht schafften. Vor Rocky Point ragen bei Ebbe die Reste der »Elliot« noch aus dem Atlantik. Neben voluminösen Walknochen finden sich verstreut im Sand Motorteile der »Ventura«.

Allerdings ist von den meisten Schiffswracks nicht mehr viel übrig, denn Wind, Sturm, Hitze und Fluten haben die meisten inzwischen beseitigt. Bis auf wenige Ausnahmen gehören die fotogenen »Skelette« der Vergangenheit an. Wie auch die existenzialistischen Szenen, wenn wieder einmal ein Frachter auf Grund gelaufen und in der Brandung wie ein Spielzeug zerbrochen war, was Meissner so authentisch in die Gegenwart transportierte: »Noch besaß man Vorräte an Bord, Trinkwasser und Lebensmittel für sechs bis sieben Wochen. Alles wurde an Land geschafft, und zwischen den Dünen entstanden ein paar Hütten aus Decksplanken. Der Kapitän schickte eine Expedition nach der anderen aus. Doch alle kehrten ohne Ergebnis zurück. Stürme zerschlugen das gestrandete Schiff. An Land löste sich allmählich die Ordnung auf. Man stritt sich um jeden Becher Wasser und stahl sich gegenseitig die Rationen.«

Recreation Area und National Park

Heute wird nur noch das Territorium nördlich von Walvis Bay als Skelettküste bezeichnet, die in drei Abschnitte geteilt ist: in die südlich gelegene National West Coast Recreation Area zwischen Walvis Bay und Meile 108 bei Durissa

Bay, wo es für Touristen wie für Einheimische jede Menge Fahr-, Sand- und Küstenspaß gibt, und den sich anschließenden Skeleton Coast Park, der als Nationalpark für Besucher nur zwischen seiner Südgrenze am Ugab River und dem Huanib River auf der Höhe von Möwe Bay zugänglich ist.

Bis dorthin sind es von Swakopmund 460 Kilometer und dann fast noch einmal so viele bis ans namibische Ende der Welt, wo sich der Kunene River an der angolanischen Grenze in den Atlantik ergießt. Ein großer Teil der weiten Küstenlandschaften des Nationalparks, der mit 16 400 Quadratkilometern Fläche größer als das Bundesland Schleswig-Holstein ist, steht Besuchern nicht zur Verfügung. Dieses »verbotene« Areal ist privates Konzessionsgebiet und lässt sich deshalb ausschließlich aus der Vogelperspektive besichtigen. Oder auf einer Skeleton Coast-Safari – als zahlender Gast einer Luxuslodge.

Wer als Selbstfahrer in der West Coast Recreation Area unterwegs ist, sollte sich vorher eine kostenfreie Zulassung für Offroadfahrten an den Stränden und in den Dünen zwischen Walvis Bay und Swakopmund besorgen, die bei Dare Devil Adventures in Langstrand und Desert Explorers in Swakopmund erhältlich ist. Der Aufwand lohnt sich für den 200 mal 25 Kilometer breiten Küstenstreifen aus purem Sand! Selbst Insel-Liebhaber kommen an der Skelettküste auf ihre Kosten: 2009 ist mit der Namibian Islands Marine Protected Area eine neue Schutzzone auf 400 Kilometern Länge an der Skeleton Coast nördlich und südlich von Lüderitz entstanden, die zehn Inseln umfasst.

DER FLIEGENDE RANGER

Der Vater forschte als Biologe und Naturschutzbeamter im Caprivi, danach viele Jahre auf einer Forschungsstation im Etosha-National Park. Dort wuchs der kleine Andrew Dupreez auf – »mit Löwen und Flamingos im Vorgarten!« Die Begeisterung für die Natur und ihre wilden Exoten prägten sein Berufsleben: Zuerst waren es organisierte Camping-Touren, dann folgte ein Job als Verwalter einer Jagdfarm. Als in den 1990er-Jahren Fly-in-Safaris immer populärer wurden, entschloss sich der inzwischen lizenzierte Wildtier-Experte dazu, fliegen zu lernen und Buschpilot zu werden. Die Kombination Pilot und Ranger ist für die Passagiere von Vorteil: Schon in der Luft gibt es eine Fülle an Informationen, und am Boden, während der Game Drives, die gleiche Kompetenz wie im Cockpit. Und abends am Feuer in der Boma lange Geschichten.

WEITERE INFORMATIONEN ZUR SKELETON COAST

The Namibian Coast Conservation and Management: www.nacoma.org.na.
Namibian Islands Marine Protected Area: www.span.org.na.

Welt der Kontraste: Das Formenspiel riesiger Dünen, zerklüfteter Felsen und zerfaserter Flussläufe (rechts: der Hoarusib River bei Purros) machen den Skeleton Coast National Park zu einem einzigartigen Landschaftserlebnis.

28 Das Skeleton Coast Camp

Öko-Camp für gut zahlende Gäste

Ausschließlich mit dem Flugzeug ist das private Konzessionsgebiet des Lodge-Unternehmens Wilderness Safaris zu erreichen – Privileg für gebuchte Gäste der Wilderness Lodge Skeleton Coast Camp, die malerisch zwischen dicken Sandpaketen und skurrilen Felsformationen im Nirgendwo dieser gruseligen Knochenküste versteckt liegt.

Gleichmäßig brummt die Cessna über dem Blau des Atlantiks, parallel zur Brandung. Dahinter nichts als Sand. Berge von Sand. Der Blick auf die Struktur dieser Küste lässt Flugpassagieren das Blut in den Adern gefrieren. Hier konnte es für Schiffbrüchige in der Tat kaum ein Entrinnen geben. Heute steht das einzigartige Areal als Skeleton Coast National Park unter Naturschutz. Der größte Teil davon lässt sich ausschließlich per Fly-in-Safari aus der Vogelperspektive erschließen. Oder gar nicht, wenn es sich um das private Konzessionsgebiet der Skeleton Coast Wilderness handelt.

Nur für zahlende Gäste

Dieses vom Staat unter strengen Auflagen verpachtete Territorium umfasst das gesamte nördliche Parkareal bis zur angolanischen Grenze, ist für die Öffentlichkeit gesperrt und deshalb eine der unberührtesten Regionen Namibias. Ein Natur-Nirwana zwischen brandungsumtoster Küste, beeindruckenden Dünenfeldern, zersägten Gebirgsketten, desolaten Geröllwüsten und lieblichen Flusstälern. Auf dem sandverwehten Khumib Airstrip des Skeleton Coast Camp kann unsere Einmotorige derzeit nicht landen – sie ist zu leicht. Ein Glücksfall, denn nun muss sie im malerischen Flusstal von Purros herunter. Von dort geht es noch eine Stunde im geschlossenen Spezialfahrzeug durch eine bizarre Mondlandschaft, dann zeigt sich ein Warnschild neben der Piste, das die Eintrittsmodalitäten in das private Skeleton-Schutzgebiet klarstellt: »Skeleton Coast Park, Private Concession Area, Strictly No Entry«. Das Camp liegt in einer Biegung des trockenen Khumib-Flussbetts innerhalb der privaten Sektion. Das Konzessionsgebiet, das ausschließlich für Gäste des Camp zugänglich ist, erstreckt sich auf einer riesigen Fläche südlich des Hoarusib River bis nach Cape Frio und hieß »Sperrgebiet Nr. 3«, bevor es dem Nationalpark zugeschlagen wurde. Über die Zutrittsmodalitäten einer so riesigen Landmasse lässt sich streiten. Sicher ist: Nur wenige Besucher sind gut für die Natur.

Aufregend wird es, wenn man vom Skeleton Coast Camp (ganz oben) auf Tour geht und sich die Skelettküste in voller Schönheit entfaltet. Rechts oben: Lunchpause neben der Brandung. Rechts unten: Oryxantilopen. Oben Mitte: Gefangene Steinkrabbe. Oben: Ein beeindruckendes Walskelett.

Im Skeleton Coast Camp

Das Öko-Camp residiert mit sechs einfachen Safari-Zelten auf hölzernen Plattformen auf einer Sandinsel im Trockenfluss Khumib. Jedes der mit soliden Holzdielenfußböden ausgestatteten Domizile verfügt über eine Veranda, Zwölf-Volt-Strom und solarbeheiztes Warmwasser für die Dusche. Im Hauptzelt, dessen schlichtes Interieur eher an eine Jugendherberge erinnert, werden die Mahlzeiten an langen Tischen gemeinsam eingenommen. »Unsere Gäste zahlen hier«, kommentiert der Manager die eher spartanische Ausstattung des nicht gerade preiswerten Skeleton Coast Camp, »nicht für Luxus, sondern für diese ganz spezielle Exklusivität!« Von hier aus starten ganztägige Exkursionen in einem Vierrad getriebenen Landrover-Kastenwagen zur »verbotenen Küste«. Es sind nur gerade eben 20 Kilometer bis zu den ersten Knochen. Es gehe zu den Lehmschlössern des Hoarusib, zu Flechtenfeldern, Seehundkolonien und zu den Resten gestrandeter Schiffe am legendären Rocky Point, erklärt der Fahrer zusammenfassend die Tour. Auf dem Weg dorthin finden wilde Sandfahrten durch riesige Dünenfelder statt, deren höchste Erhebungen den Blick über ein unendliches Meer aus Sandbergen freigeben.

Sagenumwobener Rocky Point

Dann quält sich das Fahrzeug durch wildromantische Gebirgslandschaft zur Sarusas-Mine hinauf, der einzigen innerhalb des privaten Konzessionsgebiets. Wunderschön funkelnde Amethyst-Brocken liegen bergeweise herum. Der Vorarbeiter zählt an den Fingern ab, wann er diese Einöde verlassen und für ein paar Tage nach Swakopmund oder nach Windhoek zum Auftanken darf. Bei Rocky Point lassen sich neben riesigen Walknochen tatsächlich Motorteile der abgestürzten »Ventura« besichtigen, die

Reste der gestrandeten »Elliot« überspült gerade die steigende Flut des Atlantiks. »Take nothing, but memories«, ermahnt der Safari-Guide seine Passagiere, »and leave nothing, but footprints.« Während der Rückfahrt ins Camp präsentiert die Skelettküste skurrile Landschaftsbilder. Und keine Spuren. Außer den eigenen. Nicht einmal an den Lehmschlössern des Hoarusib River – von historischen Wasserfluten ausgewaschene und skurril geformte Gesteinsgebilde, die aussehen wie Burgen am Rhein. Es sollen Reste einer gewaltigen Düne sein, die vor etwa 1000 Jahren den Canyon des Hoarusib verschloss, bis eine gewaltige Regenflut den natürlichen Damm hinwegfegte und nur die merkwürdigen Sandburgen stehen ließ.

Der Flusslauf des Hoarusib spielt inmitten der ockerfarbenen Umgebung mit saftigem Grün, wo am Ufer Schilfgras sprießt. Dazwischen ragen Vulkanfelsen aus grellweißen Sandpaketen auf. Dann wühlt sich der klobige Geländewagen wieder über Hochebenen durch die Wüste. Der Fahrer tritt auf die Bremse und kommentiert das Panorama nüchtern mit den Worten: »Big views!« Rotfarbener Sand umzingelt Inselberge, Granitklötze und Basaltkugeln. Bei einem Picknick am Hoarusib River, dessen versteckter spärlicher Wasserlauf sich nur durch ein schmales Band Grün verrät, kommen tatsächlich Wildtiere vor die Kameralinsen: Oryxantilopen, Giraffen, Schakale, Strauße, Hyänen und eine große Pavianfamilie, die übermütig auf vertrockneten Baumkronen turnt. Überrascht lugen vereinzelt Rinder der Himba aus dornigem Dickicht. Auch die kuriose Welwitschia findet in dieser extrem ariden Umgebung ihre bevorzugten Bedingungen. Womit, fragen wir uns, ließe sich eine solch paradiesische Ursprünglichkeit überbieten?

STERNENKLAR

Das Land im Süden Afrikas kennt kaum Licht- und Luftverschmutzung, weshalb seine weiten Ebenen mit ihren meist wolkenlosen Nachthimmeln ein selten gewordenes Paradies für Sternengucker sind. Mit modernstem technischem Equipment ausgestattete Sternwarten bieten professionellen wie Hobby-Astronomen einen glasklaren Blick in den Kosmos. Sogar Gästefarmen haben sich schon auf die exzellenten Sichtverhältnisse spezialisiert, stellen Teleskope und Sternwarten zur Verfügung und gewähren astronomisch interessierter Kundschaft beeindruckende Bilder von Galaxien, Gasnebeln und Sternhaufen. Reiseveranstalter nehmen deshalb bereits solche Bausteine in ihre Programme auf. Neben den bekannten touristischen Höhepunkten wie Sossusvlei und Etosha zählen auch die Randgebiete der Kalahari, die Region um die Otaviberge bei Tsumeb und der Gamsberg zu den bevorzugten Plätzen für »Reisen im Licht der Sterne« (www.diamir.de).

WEITERE INFORMATIONEN ZUM SKELETON COAST CAMP

Skeleton Coast Camp: www.wilderness-safaris.com

Das vorherrschende Element: Wasser. Und Sand. Viel Sand, der Schlangen, Krabben, Wal- und Menschenknochen beherbergt. Und ziemlich lebensfeindlich ist. Wer es dennoch versucht, kann einem wachsamen Geier (rechts oben) zu einer schnellen Mahlzeit verhelfen.

29 Schoemans Safaris

Legendär: Der Pionier der Wildnis

Zahllose Geschichten und Anekdoten rankten sich schon zu Lebzeiten um den Skelettküsten-Pionier Louw Schoeman. Sein Wirken begann, als er sich unsterblich in das von Menschenhand beinahe unberührte Territorium am Atlantik verliebte und eine bedeutende Rolle bei der Entstehung des Skeleton National Park spielte. Inzwischen hat der Name Schoeman im namibischen Reisesektor Kultstatus erlangt.

Es könnte die Biografie eines Saulus sein, der in den 1960er-Jahren in Begleitung knallharter Business-Wölfe in winzigen Einmotorigen die Skeleton Coast abflog, um nach wertvollen Mineralien zu suchen. Als Anwalt sollte er seine Klienten im Schürf- und Abbaurecht beraten und im Bedarfsfall juristische Fragen klären. Bald schon setzte sich Schoeman nachdrücklich für die Erschließung und Nutzung der Bodenschätze ein und damit für die generelle Entwicklung des desolaten Areals. Sogar der Bau eines Hafens in Möwe Bay stand auf der Agenda. Schon bald besetzte der Business-Visionär einen Direktorenposten bei der Westies Minerals Company und gründete die Entwicklungsgesellschaft Sarusas Development Corporation.
Dann erfolgte die Wandlung zum Paulus: Während seiner geschäftlichen Fly-in-Safaris erkannte Schoeman, um was für eine wunderbare Ressource es sich bei dem, was er da sah, tatsächlich handelte. Immer stärker entflammten Herz und Seele für die herbe und ganz eigenartige Schönheit der sandigen und felsigen Küstenlandschaft. Immer häufiger flog er nun mit Freunden und Bekannten für ein paar Tage zum Relaxen an die Skelettküste, bis die Idee eines riesigen Schutzgebiets geboren war, das 1971 nach langem Kampf als Skeleton Coast Park auf die namibische Landkarte kam. Als Schoeman im Jahre 1977 die Konzession erhielt, als Einziger ein Areal im nördlichen Teil des Nationalparks touristisch nutzen zu dürfen, war das Familienunternehmen Skeleton Coast Safaris schnell gegründet.
Schoemans Frau Amy beschreibt ihn als Entdecker mit Pioniergeist, der seinen Gästen nicht nur eine tolle Tour bieten, sondern auch in der Vermittlung des Naturschutzgedankens anspruchsvolle Maßstäbe setzen wollte.
1987 rief Louw Schoeman die Namibia Nature Foundation ins Leben. Das Wissen um die Geologie der Region, um Flora und Fauna, um die besonderen klimatischen Gegebenheiten und die ökologischen Aspekte seiner geliebten Ske-

lettküste waren ihm Herzensangelegenheiten, die er seiner gut zahlenden Kundschaft vermitteln wollte. Zahllose Anekdoten sind über den engagierten und überall im Lande bekannten Mann alter Schule im Umlauf. Zum Beispiel, dass er nie ohne Kehrbesen auf seine Safaris ging, um vor dem Abflug mit seiner Cessna oder der Abreise im Landrover die Fuß- und Reifenspuren der Zivilisation noch schnell verwischen zu können. Oder dass er die Zigarettenkippen seiner Safari-Gäste stets eigenhändig aufsammelte, um sie in Windhoek zu entsorgen.

Als Schoeman im Jahr 1993 seine Konzession an einen deutschen Reise-Veranstalter verlor, grämte ihn der Verlust vielleicht zu sehr – er starb bald darauf an Herzversagen. Heute verwalten die Schoeman-Söhne André, Léon, Henk und Bertus als Piloten und Ranger sein Erbe. Schoemans Skeleton Coast Safaris, die per Cessna und Landrover in die abgelegensten Ecken des Kaokovelds und der frei zugänglichen Areale der Skelettküste gehen, begeistern immer noch eine zahlungskräftige Kundschaft. Auch wenn nicht der Luxus, sondern Wanderungen durch die Wildnis und Übernachtungen in mobilen Zeltcamps zum Skelettküstenabenteuer à la Schoeman im Vordergrund stehen. Natürlich schon auch ein wenig eiskalter Champagner, solange die Kühlbox mitmacht. Was man unter dem speziellen Schoeman-Konzept zu verstehen hat, beschreibt treffsicher ein älteres Ehepaar aus London, das nach einer Schoeman-Safari in der Luxus-Lodge Serra Cafema zu Protokoll gab: »Es war sehr einfach. Aber gleichzeitig unschlagbar fantastisch!« Am Ende der Welt zu sein, an einem prasselnden Lagerfeuer unter funkelndem Sternenhimmel zu sitzen und die Schönheit dieser einzigartigen Wildnis für sich ganz allein zu genießen. »Best experience in our lifetime!«

LESESTOFF – AMY SCHOEMAN, *SKELETON COAST*

Ein aufregendes Stück Biografie hat die Ehefrau von Louw Schoeman seit der Gründung des Familienunternehmens Skeleton Coast Safaris erlebt: die großen Schoeman-Momente Anfang der 1970er-Jahre und die eng damit verbundene Entstehung des Skeleton Coast Park. Auf Notizzetteln notierte sie damals akribisch alles, was eines Tages für die Geschichte des Naturschutzes an der Skelettküste wichtig sein würde. Daneben gibt es interessante Kapitel über historische und moderne Namibia-Pioniere: Von Bartolomeu Diaz über Georg Hartmann bis Hans-Otto Meissner – der an der Skelettküste eine Bruchlandung hinlegte – ist so mancher Haudegen vertreten. Erstmals wurde das Buch 1984 publiziert. Jetzt ist es als Neuauflage mit aktuellen Zahlen und Fakten wieder zu haben: Amy Schoeman, *Skeleton Coast*, Venture Publications, Windhoek 2010.

WEITERE INFORMATIONEN ZU SCHOEMANS SAFARIS

Skeleton Coast Safaris in Windhoek: www.skeletoncoastsafaris.com. Flugsafaris mit Gruppengrößen von zwei bis acht Personen, Zeitrahmen zwischen vier und sechs Tagen. **Venture Publications:** www.venturepublications.com.na

Seelöwen fühlen sich am Cape Cross in ihrem Element (ganz oben und rechts), eine Brutkolonie riecht man allerdings schon meilenweit entfernt. Auch Haie sind keine Seltenheit an der Skeleton Coast (oben), denn Robben sind eine leckere und leichte Beute für sie.

30 Cape Cross

Nichts für Ästheten der Düfte

Wer Swakopmunds kuriose Jugendstilidylle am Rande der Namibwüste ausgiebig erkundet hat, kann getrost zu einer Tour auf eigene Faust entlang der wilden Skelettküste aufbrechen. Über die Salzstraße führt die erste Etappe via Wlotzkasbaken nach Henties Bay und dann weiter bis zur Seehundkolonie am Cape Cross.

Als Hans-Otto Meissner vor rund 40 Jahren auf der alten Salzpiste von Swakopmund 130 Kilometer Richtung Norden bis ans Cape Cross wollte, war seine erste Etappe eine Strandsiedlung namens Wlotzkasbaken. Der merkwürdige Name, fand er heraus, ging auf den Tschechen Wlotzka zurück, der einst in einer Hütte aus Treibholz gehaust und angeschwemmtes Strandgut aufgesammelt hatte, das er dann mit einem Hundekarren nach Swakopmund brachte und zum Verkauf anbot.
Wlotzkasbaken zählte damals »hundert Strandhäuser, aber nur einen Bewohner. Alle übrigen Wlotzkasbakener kommen nur zum Wochenende oder zur Ferienzeit. Dann allerdings bevölkern bis zu einem halben Tausend Menschen den Ort und Strand. Es gab dort keinen elektrischen Strom, keine Post, kein Telefon, auch kein Kino, Café oder Restaurant, ja nicht einmal Trinkwasser.« Viel hat sich bis heute nicht verändert in dem skurrilen Ferienort. Abgesehen von der verbesserten Küstenstraße, welche die paradiesische Enklave zwischen dem stahlblauen Atlantik und den riesigen Sandbergen schneller zugänglich macht.

Zu den Pelzrobben an Cape Cross

Das etwa 35 Kilometer entfernte Henties Bay war auch damals schon ein beliebter Badeort, der »richtige Fahrwege, elektrisch heraufgepumptes Süßwasser und sogar ein kleines Esslokal« vorweisen konnte. Aufgrund seiner schönen Lage mit weitem Blick auf den Atlantik sowie einer guten Wasserversorgung hat sich aus den anfänglichen Strandhütten mittlerweile eine idyllische Küstenstadt mit 3000 Einwohnern nebst Golfplatz entwickelt – mit ähnlichen Problemen wie die Nordseeinsel Sylt: Die Randlage von Henties Bay an der Spitze eines riesigen Dünenpakets, an dem der Wind und die Brandung des Atlantiks knabbern, ist von Erosion – und dem Absturz der dem Abgrund nächstgelegenen Gebäude – bedroht. Einheimische lieben Henties Bay als Anglerparadies, denn Fisch – vor allem Steinbrasse, Barbe und Kabeljau – bedeutet hier alles. Fremde aber kommen vor allem auf dem Weg

ins nahe gelegene Cape Cross vorbei, wo der portugiesische Seefahrer Diogo Cão 1486 als erster Europäer namibischen Boden betrat und ein Steinkreuz errichtete. Zu besichtigen ist allerdings nur eine Replik. Garantiert echt sind die Zwergpelzrobben – auch als Seelöwen oder Kap-Pelzrobben bezeichnet – der Cape Cross Seal Reserve, der größten Kolonie Namibias. Nasenklammern sollten jetzt griffbereit liegen, weil der Gestank von 100 000 bis 200 000 Robben selbst abgebrühten Geruchsorganen zusetzen kann. Circa 30 dieser für Seelöwen so attraktiven Brutplätze verteilen sich an der gesamten namibischen Küste, zwei weitere, besonders große befinden sich in Wolf Bay und in Atlas Bay bei Lüderitz. »Seit urdenklichen Zeiten leben die Robben am Strand und auf den flachen Klippen der Küste bei Cape Cross«, so Meissner bei seinem Besuch 1970, »ihre Zahl beläuft sich ungefähr auf 50 000. Bis zum Beginn unseres Jahrhunderts wurden die Robben auf grausame Weise verfolgt und fast völlig ausgerottet. Dann endlich griffen die Regierungen ein und stellten den Rest der Pelzrobben unter Naturschutz. Seitdem haben sich ihre Bestände derart stark vermehrt, dass es nun wieder erlaubt ist, eine begrenzte Zahl zu erschlagen, um ihnen das wertvolle Fell über die Ohren zu ziehen.« Am fischreichen Cape Cross haben sich die Zwergpelzrobben inzwischen so zahlreich versammelt, dass zuletzt während der Paarungszeit zwischen November und Dezember an die 250 000 Tiere gezählt wurden. Dann sind die Bullen aktiv, die ein paar Wochen bleiben und einen weiblichen Robben-Harem von bis zu 25 Tieren befruchten. Diese Schwerstarbeit reduziert die vorher angefressenen Fettreserven um etwa die Hälfte auf circa 180 Kilogramm Körpergewicht. Robben vertilgen große Mengen Fisch, allein in Namibia mit fast zwei Millionen Tonnen das Dreifache dessen, was die Fischereiflotte an Fang anlandet. Die Überpopulation von insgesamt 770 000 Kap-Pelzrobben (letzte Zählung 2007) lässt den Ruf nach Regulierung der Bestände immer lauter werden. Was bei namibischen Tierschützern jedoch auf heftigen Widerstand stößt.

WILDE KATZEN

Wildtiere sind unberechenbar und können jederzeit angreifen. Wenn Löwen das tun, spurten sie 50 Stundenkilometer schnell und springen zwölf Meter weit. Bis auf drei Meter Körperlänge wachsen die Riesenkatzen sich aus. Während Löwen – obgleich wie Leoparden Nachtjäger – auch tagsüber in ihren vor sich hindösenden Rudeln leicht auszumachen sind, gilt die Beobachtung einer gefleckten Raubkatze als seltenes Glück: Die Einzelgängerin ist bei Helligkeit wie vom Erdboden verschluckt, weil sie in einer Baumkrone oder Höhle ihren Schönheitsschlaf hält. Der schnellste Jäger, der Gepard, ist vom Aussterben bedroht, weshalb Zuchtstationen versuchen, den Bestand der bis zu 100 Stundenkilometer schnellen und sehr elegant jagenden Raubkatze zu sichern. Löwen sind auch an der Skelettküste unterwegs, wo in den Seehundkolonien fette Beute wartet (www.desertlion.info).

WEITERE INFORMATIONEN ZUR SKELETTKÜSTE FÜR SELBSTFAHRER

Übernachten in der Cape Cross Lodge: www.capecross.org oder im **Desert Rendezvous Guesthouse in Henties Bay:** www.desertrendezvous.co.za, in **Swakopmund:** www.swakopmundguesthouse.com

31 Jugendstilperle Swakopmund

In eine andere Zeit, an einen anderen Ort versetzt, das ist »Swakop«, wie die Einheimischen die hübsche Seaside-Town am Rande der Wüste liebevoll nennen. Das Städtchen ist eine charmante Mischung aus Nordseebad und Kolonialstil, so wie das Alte Amtsgericht von 1908 (Mitte).

Von der Namib geküsst

Seit Major Curt von François mit seiner Deutschen Schutztruppe hier anlandete, um einen Hafen zu bauen, der dem britischen Walvis Bay kaiserlich-koloniale Konkurrenz machen sollte, hat die Stadt ihren deutschen Charakter behalten. Allgegenwärtig ist das Erbe der Wilhelminischen Epoche, die dem begehrten Seebad, auch »Swakop« genannt, sein historisches Stadtbild verschaffte.

Immer noch da sind die Bismarckstraße, die Bergstraße, die Bäckerstraße und die Nordstrandstraße. Und natürlich das Hansa-Hotel, Baujahr 1905. Die traditionsreichste Herberge Swakops hat laut Gästebuch Besucher wie Aristoteles Onassis, Gunther Sachs, Manfred Krug, Götz George und Oliver Reed neben vielen anderen gesehen. Innendrin scheint die Zeit stehen geblieben zu sein. Nostalgische Gefühle verursacht auch eine Reihe weiterer Unterkünfte wie das Hotel Europa Hof (bayrisch), Hotel Adler (modern mit Hallenschwimmbad, Fitnessbereich, Sauna) und die Prinzessin-Rupprecht-Residenz (Pension im ehemaligen kaiserlichen Kolonial-Lazarett). Geradezu bombastisch kommt die Architektur des Alten Bahnhofs (1901) daher, in dem heute das Swakopmund Hotel & Entertainment Centre residiert, mit Pool zwischen klassischen Säulengängen und einer Roman-Herzog-Suite. Doch ebenso fotogen ist das Kaiserliche Bezirksgericht (1902), jetzt Sommersitz des Präsidenten.

Lebendiges Freilichtmuseum

Die Liste architektonischer Preziosen aus der kolonialen Ära ist endlos. Dazu gehört die »Adler-Apotheke und Drogerie, Emil Kiewitt«, wie das Firmenschild neben der stilvollen Eingangstür mit Butzenscheibenglas anzeigt, die evangelisch-lutherische Kirche (1906) in der Poststraße, das Franziskaner-Krankenhaus (1907), das Gebäude der ehemaligen Deutschen Schule (1912), das Amtsgericht (1906, heute Sitz der Stadtverwaltung), die Alte Post (1907), das Hohenzollernhaus (1909) sowie gleich gegenüber der »Prima Schlachterei« das Alte Gefängnis (1907), das noch immer als Vollzugsanstalt dient. Mag der Afrika-Kenner Peter Scholl-Latour über die Relikte der deutschen Ära in Südwest auch befinden, dass ihm »die künstliche Verpflanzung einer reichlich spießigen Nordsee-Atmosphäre an den Süd-Atlantik – ein bisschen Norderney, ein bisschen Sylt – als ein schwarz-weiß-rotes Disney-Land vorgekommen« sei: Ganz sicher ist Swakopmund das südlichste

LIGHTKEEPER'S
COTTAGE

Die evangelisch-lutherische Kirche (1906) (ganz oben) in der Poststraße gehört ebenso zum historischen Stadtbild Swakopmunds wie das Woermann-Haus von Friedrich Höft (1905) sowie natürlich der Alte Bahnhof (rechts oben).

»Nordseebad« der Welt und hat eine bezaubernde Atmosphäre. Wind- und gischtumtost spaziert es sich auf seiner Promenade, und wer sich auf der Mole umdreht, blickt zurück auf Swakopmunds Wahrzeichen: den 21 Meter hohen, rotweiß gekringelten Leuchtturm, der dem Ferienort am Rand der Namib-Wüste seine nördliche Anmutung verleiht. Besonders dann, wenn der kalte Atlantik seine feuchtkühlen Nebelschwaden über die heiße Sandküste schickt und das Städtchen komplett im Dunst versinkt. Die Strände sind endlos an dieser Küste. Nördlich von Swakopmund ziehen sich bis zur angolanischen Grenze hinauf, aber die Strandfreuden bleiben meist auf das Sonnenbaden beschränkt. Selbst an den heißesten Sommertagen steigt die Wassertemperatur auf nicht mehr als 15 Grad Celsius. Weniger empfindlich geben sich Pelikane, Flamingos, Kormorane, Enten und Möwen. Und Robben, die sich vor hungrigen Wüsten-Schakalen in Acht nehmen müssen.

Deutsch-Südwester

Einer der alteingesessenen Südwester ist Wolfgang Epler, geboren 1930 in Windhoek, aber schon lange in Swakopmund wohnhaft. Seine Farm hat der gelernte Landwirt vor vielen Jahren verkauft. Als offizieller Fremdenführer bessert der rüstige Rentner sein Einkommen auf und führt auf seinen Touren nicht ohne Stolz seine Heimat vor. Am Swakopmunder Leuchtturm vorbei geht die Rundfahrt über die Hafenstraße zunächst ins Strandviertel Vineta. »The Seagull« und »Sea Breeze« sind nur zwei von zahlreichen Pensionen in ansprechendem Boutique-Design. Die Atlantiklage ist so schön, dass sich die feinen Residenzen immer weiter Richtung Norden vorschieben und längst neue Stadtteile entstanden sind namens Vogelstrand, Waterfront und Ocean View. Von den rund 25 000 Einwohnern, sagt Herr Epler, wohnt nur die Hälfte hier, weil die meisten Arbeitsplätze anderswo sind. Im wirtschaftlich umtriebigen Walvis Bay beispielsweise oder in der etwa 60 Kilometer entfernten Rössing-Uranmine, dem größten Urantagebau der Welt mit über 2000 Beschäftigten.

»Hansa« vom Fass im »Lighthouse«

Jedenfalls schlägt Swakops Herz noch ganz schön deutsch: Gabriele Reutter bietet Kosmetik an, Ludwig Schröder Versicherungen und Immobilien, Optiker Rohloff Sehtests und Brillen, zum Frühschoppen im Woermannhaus gibt's Bockwurst und Brötchen, und der Männergesangverein gibt eine musikalische Einlage im Haus der Jugend. Bis 2005 produzierte Swakopmunds Hansa-Brauerei streng nach Deutschem Reinheitsgebot, worauf man hier mächtig stolz war. Aus Rentabilitätsgründen wurde die Pro-

duktion stillgelegt und die historische Einrichtung nebst kupfernem Braukessel ins Braustübchen Raith's Museumscafé gebracht. Gleich um die Ecke wirbt das Swakopmund Museum mit dem Slogan »Bauet am Erbe«, der nicht nur auf politische, sondern auch auf knallharte marktwirtschaftliche Realitäten trifft. Ein Glück, dass es trotzdem noch Hansa-Bier in Swakopmund gibt, auch wenn das jetzt aus Windhoek durch die Wüste herangeschafft werden muss. In jedem Fall sollte die Zeit reichen für frischen Kabeljau und ein zünftiges »Hansa« vom Fass im Lighthouse-Restaurant an der Ludwig-Koch-Straße mit Blick auf Strandpromenade, Mole und Hafenbecken, in dem sich Delfine und Robben tummeln. Oder für einen Besuch im Café Anton, wo tatsächlich Linzertorte, Apfelstrudel und Gugelhupf angeboten werden. Wer es deftiger mag, geht »Zur Weinmaus« gleich nebenan, das mit Kassler, Griebenschmalzbrot und Schweinebraten das Kontrastprogramm bietet.

Swakops jecke Saison

Und natürlich, wen wundert's, feiert Swakopmund jedes Jahr kräftig und laut seinen Karneval! Der beginnt schon Anfang des Jahres mit der Wahl des Faschingsprinzen und seiner Prinzessin. Erst im August, wenn der Benguelastrom seine Nebelschwaden besonders gern über die Stadt schickt, geht es los mit den Straßenumzügen in der jecken Atlantikgemeinde am Ende der Welt. »Der Zuch kütt« gilt also auch hier, wenn die bunten Wagen durch die Straßen ziehen. Swakops karnevalistischer Höhepunkt ist der Maskenball, auf dem das »Hansa-Pils« nonstop aus dem Zapfhahn schießt.

SWAKOPS ALTER BAHNHOF

Am 20. Oktober 1900 wurde der Vertrag zum Bau des Alten Bahnhofs von der Kaiserlichen Eisenbahnverwaltung unterschrieben. Im Januar 1901 begannen die Bauarbeiten an dem prachtvollen Jugendstil-Bahnhof des Architekten C. Schmidt, und schon im Oktober konnte das Gebäude, das heute zu den schönsten aus der deutschen Ära zählt, in Betrieb genommen werden. Wer seinerzeit mit dem Zug reiste, konnte sein Gepäck durch die Troosche Maultierbahn abholen und zum Bahnsteig transportieren lassen. 1972 wurde der Alte Bahnhof zum Nationaldenkmal erklärt, sorgsam renoviert und 1994 vom damaligen Präsidenten Namibias, Sam Nujoma, als Swakopmund Hotel & Entertainment Centre eröffnet. Der Alte Bahnhof ist die mit Abstand eleganteste und stilvollste Herberge der Stadt. Das dazugehörige Casino The Mermaid residiert in einigem Abstand nebenan.
(www.legacyhotels.co.za)

WEITERE INFORMATIONEN ZU SWAKOPMUND

Swakopmund Information:
www.swkmun.com.na,
www.swakopmund-museum.de
Das andere Swakopmund: Mondesa Township Tours,
www.mondesatownshiptours.com

Die Attraktion für Golfer: An einem Abschlag auf den Greens des Swakopmunder Rossmund Golf Club kommt kein Golfer vorbei – der Platz gehört zu den attraktivsten Wüsten-Golfplätzen weltweit.

32 Paradies für Golfer

Einputten in der Wüste

Nur wenige Kilometer sind es von der Stadtmitte bis zum Rossmund Golf Club, wo es sich mitten im Sandmeer hervorragend einputten lässt. Die luxuriöse Oase, die sich nicht ohne Stolz zu den wenigen Wüsten-Golfplätzen weltweit zählt, bietet herrliche Fairways und Greens. Das Rossmund-Wunder breitet sich zwischen Hunderten Dattelpalmen aus und gilt mit seinen 18 Löchern (6068 m – Par 72) als einer der schönsten Plätze im südlichen Afrika.

Nach sieben Kilometern, an denen die Namib schon nagt, der Atlantik aber noch zu riechen ist, kommen eine Reihe eleganter Wohnhäuser, ein Schwimmbad und ein modernes Clubhaus in Sicht: der Rossmund Golf Club. Rund 30 Fahrzeuge sind auf den großzügigen Parkplätzen abgestellt, die Atmosphäre ist locker, ein paar Kids in Marken-Outfit haben Spaß auf dem clubeigenen Spielplatz. Jenseits der Gebäude schimmert es grün.

80 Kilometer landeinwärts wurde das Geld für die extrem teure Anlage verdient, die 1979 zunächst mit neun Löchern gebaut wurde: in der Rössing-Uranmine. Da die weltweite Nachfrage nach dem Rohstoff gut ausgebildete Fachkräfte zuweilen zur Mangelware machte, machten sich die Minenmanager Gedanken: Der Golfplatz sollte eine Art Lockmittel sein, um gute Leute zu bekommen und um sie dann möglichst hier, in Swakopmund, zu halten, weshalb Rössing zehn Jahre später den Platz auf 18 Löcher erweiterte.

Die Begrünung der Greens erfolgt zum Teil umweltfreundlich durch geklärte Abwässer der Stadt, was eine üppige Vegetation schafft, die nicht nur den Golfern gefällt, sondern auch Springböcken, die zu Hunderten äsend über das Spielfeld ziehen. Da kann ein harmloser Abschlag schon mal zum »Abschuss« werden, was Golf-Koryphäen wie Dale Hayes, Gary Parker und andere, die hier im Gästebuch stehen, nicht irritierte. Rossmund zählt mit seinen von bildschönen Dattelpalmen bestandenen Fairways zu den schönsten Plätzen im südlichen Afrika – und zu den kuriosesten der Welt. Es kann sich rühmen, einer von weltweit fünf Wüsten-Golfplätzen mit Rasenfläche zu sein. Solange der Bergbau-Konzern für den extrem teuren Unterhalt zuständig war, brauchte sich niemand um finanzielle Details zu sorgen. Doch längst ist der Platz in private

Hände übergegangen, was dreimal so viele Mitglieder nötig machte, um aus den Beiträgen die laufenden Kosten decken zu können.
Da es praktisch nie regnet und die Feuchtigkeit der atlantischen Nebel, die ab und an über das Spielfeld ziehen, kaum ausreicht, muss der gesamte Wasserbedarf für die Grünflächen aus Swakopmund herangepumpt werden. Was bei über 1000 Kubikmetern pro Tag einen ordentlichen Energieverbrauch verursacht. Auch müssen die Greens großflächig gedüngt werden, weil Rasen auf dem sandigen Wüstenboden nicht einfach so wächst. Dazu kommen hohe Reinigungs- und Reparaturkosten, um Pumpen und Leitungen vom allgegenwärtigen Wüstensand zu säubern und funktionsfähig zu halten. Um Liquidität zu sichern, wurde die Idee des Desert Golf Village geboren, schließlich gehört dem Club neben dem Sand eine riesige Immobilienfläche. Von rund 100 Grundstücken, die parzelliert wurden, ist mehr als die Hälfte mit einer gefälligen mediterranen Architektur bebaut und verkauft worden. Die eigentlich als Ferienhäuser für Golfer gedachten Villen haben Swakopmunder inzwischen mehrheitlich zu festen Wohnsitzen umfunktioniert, da es sich in der modernen und stadtnahen Wüstenenklave nicht nur prächtig wohnen lässt, sondern die Benutzung des Golfplatzes für Eigenheimbesitzer auch kostenfrei ist. Schon sind weitere Wohneinheiten in Planung. Golfern, die als Gäste von auswärts anreisen, steht die Rossmund Lodge mit Schwimmbad und stylishen Chalets mit Blick auf Golfplatz und Wüste zur Verfügung. Ein Restaurant, Konferenzräume, eine Boutique für Golfausstattung und ein Bowling-Green sollen die Anlage auch für Nicht-Golfer als Ausflugsziel interessant machen. Für die sind die rund 200 Springböcke, die sich auf den Greens tummeln, die größte Attraktion. Damit die Tiere freizügig zwischen der Wüste und den Grünflächen pendeln können, gehört der Rossmund Golf Course zu den wenigen Plätzen, die es sich leisten können, völlig ohne Zaun auszukommen.

AUF DEM RÜCKEN DER PFERDE

Der Swakoper Veranstalter Okakambe Trails bietet auf der Okakambe-Farm am Swakop River, nur wenige Kilometer von Swakopmund entfernt, Ausritte am Strand und in die Wüste an. Auf verschiedenen Trails geht es auf Pferde-Safari mit bis zu fünf Übernachtungen im Zeltcamp. Im Mittelpunkt stehen die Wüsten- und Dünenlandschaften der Namib sowie die endlos scheinenden Strandgebiete nördlich und südlich von Swakopmund, wo Pferd und Reiter das Schreien der Möwen und das Rauschen der Brandung begleiten. Es werden auch nächtliche Ausritte bei Mondschein veranstaltet – unter sternklarem Himmel ein unvergessliches Erlebnis. Falls es nicht gerade neblig ist (www.okakambe.iway.na).

WEITERE INFORMATIONEN ZUM GOLFEN IN NAMIBIA

Rossmund Golf Club:
www.swakopresorts.com/golf.htm sowie zur **Rössing-Mine:** www.rossing.com
Weitere Plätze neben dem Windhoek Golf and Country Club in Tsumeb, Henties Bay, Walvis Bay Windhoek.

Viel Wind sowie Strände ohne Ende, dahinter das Sandmeer der Namib – ein Paradies für Adrenalin- und normale Sportarten: vom Brandungssurfen über Quadbiken bis zum Drachen- oder Ballonfliegen.

33 Adrenalinschübe an der Küste

Zwischen Swakop und Walvis Bay

Namibias Nationalsport ist eindeutig der Fußball, gefolgt von Cricket und Rugby. Im Inland sind Klettern, Reiten und Hiken angesagt, aber auch die sogenannten Adrenalinsportarten wie Gleitschirm- und Ballonfahren, Abseiling und Bungee-Jumping werden beliebter. Dazu wartet eine Reihe gepflegter Greens nicht nur in Swakopmund auf ambitionierte Golfer.

Der Küstenabschnitt zwischen Swakop und Walvis Bay spielt im Extremsport eine besondere Rolle: Kräftige und vor allem verlässliche Windstärken, breite und glatte Sandflächen, riesige Dünenfelder in erreichbarer Nähe – das genau sind die Zutaten für Adrenalin-Verrückte, die ihre Grenzen austesten wollen. Dass sich der Weg ans Ende der Wüste lohnt, finden immer mehr Anhänger extremer Sportarten heraus, die auf Brandungssurfen, Hobie-Cat- und Regattasegeln, Landyachting, Ballonfahren, Paragliding und Microlighting stehen, wobei sich Wagemutige neuerdings sogar zwischen Meer und Sandmeer aus einer fliegenden Cessna kippen lassen. Mit Fallschirm natürlich, im Einzel- oder im Tandemsprung. Auch Sandboarding gehört ins Adrenalin-Repertoire, wenn es in Schussfahrt mit 80 Stundenkilometern die Riesendünen von Walvis Bays abwärts geht. In steigendem Maß entwickelt sich auch Quadbiken zum sportlichen Freizeitspaß, bei dem es wie beim Four-Wheel-Pistenfahren mit Allradantrieb durch die Wüste geht.

Von solcherlei Neigungen profitiert Mario Prinsloo mit seiner Firma Duneworx Swakopmund, die Quadbikes verkauft und vermietet, in einer Umgebung, die dafür ideale Bedingungen bietet. Weshalb sich der Quadbike-Spezialist, dessen Großmutter vor langer Zeit aus Hamburg nach Südwest kam, in der Swakopmunder Leutweinestr. 6 vor fahrspaßsüchtiger Kundschaft kaum retten kann. Privat benutzt Mario eine Yamaha YFZ 450cc, 45 PS, die auf 121 Stundenkilometer und 65 000 Namibia-Dollar kommt. Touristischen Fun-Ausflüglern verleiht er aber lieber eine handzahme 125er Grizzly Automatik, die immerhin 85 Sachen schafft. An erster Stelle bedient er Privatkunden, die in der Region ansässig sind, gefolgt von Unternehmen, die seine Maschinen im Reisesektor einsetzen und schon mal 30 davon oder Quadbikes auf einen Schlag ordern, um ihre Kunden auf ihre mehrstündigen Offroad-Spezialtouren oder

anspruchsvolle Ganztagestouren in die Wüste zu schicken. Dann empfiehlt er die vollautomatische Rhino, 660 Kubik-Viertakt mit Allradantrieb. In der Anschaffung kostet ein solches Vehikel 97 000 Namibia-Dollar – es dürfte auf den wöchentlichen Weekend-Motorcross-Veranstaltungen rings um Swakop das am sehnsüchtigsten bestaunte Quadbike-Fahrzeug sein.
Wer es eine Nummer kleiner und vor allem preiswerter braucht, kann sich in der Nähe des Swakopmund Airfield auf Namibias erste Go-Kart-Bahn begeben, wo man auf Import-Karts made in Germany mit bis zu 70 Stundenkilometern flotte Runden drehen kann. Natürlich sind an den Küstenabschnitten zwischen Swakop und Walvis Bay auch ganz »normale« Wassersportarten wie Windsurfen, Wasserski und Segeln angesagt. Der Spruch »Sailors have more fun« gilt für alle, die hier bei steifer Brise und heftigem Seegang ins Regatta-Segeln einsteigen wollen. Das Wind-Kitesurf-Center in Walvis Bay bietet während der Feriensaison jeden Tag der Woche Schulungen im Kitesurfen an und vermietet oder verkauft die dazu notwendige Ausstattung gleich mit.
Letzter Schrei der verrückten Aktivitäten ist Skilanglauf im Dünensand! Auch Kanu- und Wildwasserfahrer kommen in Namibia voll auf ihre Kosten, sofern sie auf dem Oranje River nicht mit einem sperrigen Diamanten kollidieren – oder auf dem Kunene River, einem der krokodilreichsten Flüsse Afrikas, mit einer Riesenechse-, was den Pulsschlag erst richtig in die Höhe treibt. Hochseefischen und Angeln ist vor allem bei den Einheimischen ein Thema, denn Namibias Stauseen und Flüsse sowie der Atlantik gelten als außerordentlich fischreich.

GIGANTEN DER TIEFE

Walvisbaai wurde schon 1726 von Fangbooten der Dutch West Indian Company angelaufen. Walfangflotten zogen die Riesen der Weltmeere seit Ende des 18. Jahrhunderts massenhaft aus dem Wasser, allein an den Küsten des südlichen Afrika zwischen 1908 und 1930 an die 75 000! Ihr Tran diente zur Herstellung von Brennstoff für Lampen sowie als Grundstoff für Seife, Linoleum und Arzneimittel, ihre Barten zur Herstellung von Korsettstangen. Die stark dezimierten Populationen erholten sich erst, als Wale seit 1935 in zunehmenden Maß unter Schutz standen und ihr Fang teilweise verboten wurde. Ab und an ist auch vor den kalten Küsten Namibias zu beobachten, wie die bis zu 60 Tonnen schweren und 18 Meter langen Riesen spektakulär aus dem Wasser schießen, um dann mit gewaltigem Getöse auf der Wasserfläche aufzuschlagen.

WEITERE INFORMATIONEN ZU ADRENALINSPORT AN DER KÜSTE

Action unter: www.kartingnamibia.com, www.free-air.net; www.ski-namibia.com, www.skydiveswakopmund.com.na, www.outback-orange.com, www.crossroads4x4hire.com, www.alter-action.info, www.namibiancharters.com

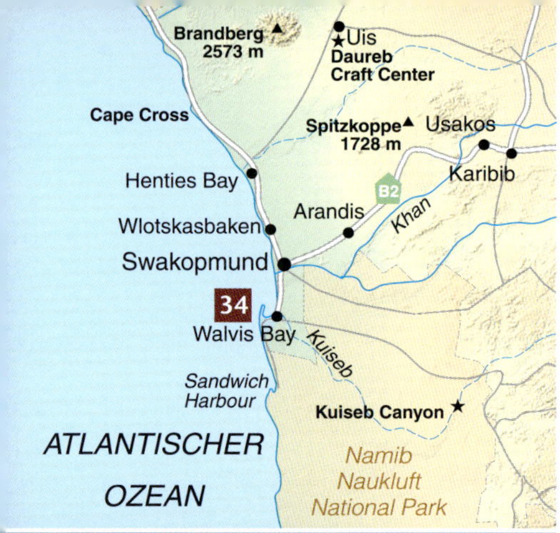

Kein Schnee, sondern ein Salzgebirge wartet hier auf den Transport nach Übersee (ganz oben). Die Stadt Walvis Bay ist nicht nur für Pelikane und Delfine attraktiv, sondern hat auch ein interessantes Kulturangebot, etwa im Civic Center (oben).

34 Walvis Bay – Bucht der Wale

Namibias Tor zu den Weltmeeren

Als der portugiesische Seefahrer Bartolomeu Diaz auf der Suche nach einem sicheren Ankerplatz vor der südwestafrikanischen Küste kreuzte und im Dezember 1487 hier einlief, gab er der Ankerbucht den Namen Golfo de Santa Maria da Conceição. Doch die riesigen Meeressäuger, die diesen Abschnitt der Atlantikküste in großen Stückzahlen aufsuchten, verhalfen der Hafenstadt am Rande der Namib letztlich zur dauerhaften Bezeichnung Walvis Bay.

Ein paar Hundert Jahre nach Diaz entdeckten die Holländer und wenig später die Briten Walvis Bay, den strategisch bedeutsamen Hafen, bis heute der einzige Naturhafen an der nahezu 1500 Kilometer langen Küstenlinie Namibias. Strategisch bedeutsam deshalb, weil sich hier die Schifffahrt von Europa ums Kap der Guten Hoffnung nach Indien kontrollieren und – sofern es sich um eigene Transporte handelte – auch versorgen ließ. 1910 wurde die Stadt Teil der Südafrikanischen Union.

Zu kolonialen Zeiten mussten die Kaiserdeutschen neidvoll erkennen, dass ihre englischen Kollegen mit ihrem Standort den besseren Part erwischt hatten. Verzweifelt versuchte die Deutsche Schutztruppe eine ebenbürtige Anlaufstelle für ihre Schiffe aus Hamburg zu finden. Was dabei heraus kam, war eine endlos lange Landungsmole im deutschen Swakopmund, an der ein Landgang bei tosender See einem Abenteuer gleichkam. Deutsche Schiffe liefen viel lieber Walvis Bay an, weil sie dort Fracht und Passagiere sicher absetzen konnten. »Am 25. Tage nach der Abfahrt aus Hamburg«, beschreibt Walther Wülfing in *Dich ruft Südwest* die Anreise seiner Protagonisten, »steuerte die ›Njassa‹ den Hafen von Walfischbucht an. Dicker Nebel hinderte die Orientierung. Schließlich tauchte der Schlepper der Linie auf, der den Dampfer in das Hafenbecken hineinbugsierte. Als die vor der Küste liegende Nebelbank passiert war, lag die Walfischbucht in hellem Sonnenschein da. Nach dreiviertelstündiger Fahrt, immer an den trostlosen Dünen entlang, waren sie in Swakopmund.«

Die Deutschen waren längst fort, als Walvis Bay immer noch britisch war; erst 1994, vier Jahre nach der Unabhängigkeit, gab die Mandatsmacht Südafrika den Besitz an Namibia zurück. Heute legen in der zweitgrößten und wirt-

schaftlich umtriebigsten Stadt Namibias mit 50 000 Einwohnern gestandene Tanker und Containerfrachter an, insgesamt circa 3000 Schiffe pro Jahr. Der Containerterminal kann sogar bis zu 4000 Container verschieben. Darüber hinaus bieten Fisch- und Meersalzverarbeitung neben dem Tourismus begehrte Jobs am Rande der Wüste. Derzeit produziert Walvis Bay beinahe den gesamten Salzbedarf Südafrikas. Von hier aus werden namibische Mineralien wie Kupfer, Blei und Uran exportiert und ein Großteil der Importgeschäfte abgewickelt. Vor der Küste liegen große künstliche Inseln, sogenannte Guano-Plattformen, die Seevögeln als Rast-, Kack- und Nistplatz dienen, sodass jährlich circa 1000 Tonnen Guano anfallen, die von der namibischen Düngemittelindustrie verarbeitet werden.

Wirklich hübsch ist es nicht, das umtriebige Städtchen, aber erlebenswert: Drumherum, in seinen weiten Naturschutzgebieten, findet jede Menge Wasser- und Adrenalinsport statt, und seine weitläufigen Lagunen punkten mit einer beeindruckenden Vogelwelt. Zuweilen pausieren hier über 200 000 Zugvögel auf einen Schlag! Allein die hier ansässigen Flamingos kommen auf geschätzte 50 000. Und am Pelican Point führen zahlreiche Pelikane ihre Zielsicherheit vor, wenn sie über der Wasserfläche flatternd tief unter sich Beute entdeckt haben und dann mit zusammengefalteten Flügeln abrupt herabstürzen. Nicht weit von diesem Spektakel kann man mit »Dune 7« den höchsten und am häufigsten besuchten Sandberg von Walvis Bay besteigen mit dem allerbesten Ausblick auf das illustre Küstenstädtchen. Aus der deutschen Ära ist die Missionskirche von 1880 geblieben, die in vorgefertigten Einzelteilen aus Hamburg kam und am Hafen aufgebaut wurde.

STRANDLEBEN UND KULINARIK

Liza-Marie Wanamene ist von ihrer Stadt begeistert. Die Freizeit-Höhepunkte für sie und ihre Freundinnen sind: Schwimmen am Independence Beach – wenn der Atlantik zu kalt ist, besuchen sie lieber das Freibad –, mit Quadbikes durch die Dünen kurven, dem Dolphin Park einen Besuch abstatten oder eine Bootstour unternehmen, um Wale, Delfine, Pelikane und Flamingos aus nächster Nähe zu beobachten. Nach Sonnenuntergang heißt das Motto »go clubby«, dann nämlich ist in Walvis Bays zahlreichen Restaurants und Bars Nightlife angesagt. Zum Beispiel im feinen The Raft Restaurant & Bar auf der Pier, die auf Stelzen in die Lagune gebaut ist, oder downtown im »Spur«, wo die besten Steaks auf den Tisch kommen. Natürlich ist für Pizza-Liebhaber in Walvis Bay das »Crazy Mama and Harry Peppar« ganz besonders hip.

WEITERE INFORMATIONEN ZU WALVIS BAY

Civic Centre mit Museum, Bibliothek und Fremdenverkehrsamt: www.walvisbaycc.org.na.

Gelände- und Bootsexkursionen: www.levotours.com, www.pelican-tours.com, www.mola-namibia.com

Die sandigen Weiten Namibias produzieren fast surreale Bilder, so die Köcherbaumfrucht im Gondwana Canyon Park, einen Sundowner im Gondwana Kalahari Park, die Baumskulptur im Namib Naukluft National Park (oben), dessen gewaltige Sanddünen ihn zu einem der attraktivsten Ziele Namibias machen (rechts).

Ab in die Wüste

Das weiche Formenspiel der Namib fasziniert durch immer neue Entwürfe; nicht nur die höchsten, sondern auch die schönsten Sanddünen der Welt produzieren ein unverwechselbares Design im Namib Naukluft National Park, der mit heiß gebackenen Sandpaketen auf einen eiskalten Atlantik trifft.

35 Namib Naukluft National Park

Nichts außer Sand!

Die Namib ist mit 20 Millionen Jahren sowohl die älteste als auch die trockenste Wüste der Welt. Ihr sandiges Terrain regiert die optische Schönheit mit dem darwinistischen Imperativ, was bedeutet: Wer sich nicht anpasst, ist schon im nächsten Moment tot.

In der »Swakopmunder Buchhandlung«, die es schon seit 1900 gibt, finden Reisende nicht nur die *Brigitte*, den *Spiegel*, *Sportbild* oder den *Großen Ravensburger Weltatlas*. Viel verlockender sind hier Publikationen wie *Die ältesten Reiseberichte über Namibia* von Prof. Dr. E. Moritz, *Aus alten Tagen in Südwest* von Pastor Walter Moritz oder *Elf Jahre Gouverneur in Deutsch-Südwestafrika* von Theodor Leutwein, Generalmajor und Gouverneur a.D. Derzeitiger Verkaufsschlager sei *Wenn es Krieg gibt, gehen wir in die Wüste*, erklärt Anton G. von Wietersheim, der heute das Geschäft führt. Der dokumentarische Roman erzählt das abenteuerliche Schicksal zweier Deutscher, die in Namibia vom Zweiten Weltkrieg überrascht werden und sich in der Namib-Wüste vor der drohenden Internierung verstecken – und offenbar überlebten.

Sand, nichts als Sand!

Auf dem Flug ins Herz der Namib zieht Walvis Bay unten vorbei, das nur 30 Kilometer von Swakopmund entfernt liegt. Südlich der Stadt brechen The Falling Dunes, riesige Sandfelder, steil zum Atlantik ab. Dann taucht das Wrack des Fishtrawlers »Shaunee« auf, den die Brandung tief in den Sand getrieben hat. Im Tiefflug geht es dann über die »Edward Bohlen« hinweg, einen Frachter, der 1909 mit Whisky und Trinkwasser beladen von Walvis Bay nach Lüderitz unterwegs war und bei Nebel auf eine Sandbank lief. Weiter im Inland zeigen sich unten Reste von Diamanten-Camps, Häuser und Hütten, halb verschüttet. Verloren steht ein Ochsenkarren, als wäre er gestern noch gefahren, dort im Sand.

Was für eine Wüste: Sie erstreckt sich zwischen Angola und Südafrika über zwölf Breitengrade hinweg auf einer Länge von 1500 Kilometern. Mit unendlich weiten, in erdigen Farbtönen leuchtenden Dünenfeldern, deren Sandgipfel mit über 300 Metern zu den höchsten der Welt zählen. Mit Trockenflussläufen, die jahrelang schlafen, aber bei starken Regenfällen zu reißenden Strömen anschwellen. Mit bizarren Felsformationen, mit Sand gefüllten Tälern, Trockenseen und Salzpfannen. Dabei führt auch hier der kalte südatlantische Benguelastrom den Zauberstab, weil er feucht-

Der Nebeltrinkerkäfer (oben Mitte) zählt neben Oryx und Strauß zu den sehr speziellen Überlebenskünstlern der Namib. Wie auch die Pilotin Elsa van Rooyen (oben rechts), die ohne Sossusvleis Dead Vlei sowie der Monsterdüne Big Daddy (rechts unten) ihren Traumjob nicht hätte.

kühle Nebelschwaden über den Sand schickt und so ein komplexes Ökosystem unterhält: Im Wasser bieten die stickstoffhaltigen Fluten einer Fülle von Meerestieren reichlich Plankton, die auf der Speisekarte der Fische stehen und den Seevögeln als Nahrung dienen. Auf die wiederum spekuliert der Wüstenschakal, der sich vor der Zwergpuffotter und noch giftigeren und größeren Verwandten, die in der Namib einen idealen Lebensraum haben, in Acht nehmen muss. Auf diese Weise versorgt der feuchte Nebel auch Springböcke, Zebras, Oryxantilopen, Tüpfelhyänen, Leoparde, Strauße und Paviane. Welch ausgefuchste Überlebensstrategien es hier gibt, zeigt der Tok-Tokkie-Käfer (*Onymacris*) anschaulich: Nachts, wenn die Nebelschwaden heranziehen, steht er mit hochgerecktem Hinterleib da, sodass die vorbeiziehende Feuchtigkeit an seinem Körper zu Wasser kondensiert und tröpfchenweise an ihm entlang und direkt in die Mundöffnung läuft. Ganze Armeen dieser kuriosen Nebeltrinkerkäfer sind in der merkwürdig schrägen Haltung auf den Dünenkämmen zum Durstlöschen angetreten. Bis zu 40 Prozent ihres Körpergewichts können sie an Feuchtigkeit speichern.

Dünenspektakel Sossusvlei

Bereits 1907 erkannte die deutsche Verwaltung die Einzigartigkeit der Namib-Region und stellte die Wüste östlich von Swakopmund und Walvis Bay unter Naturschutz. Später kamen weitere Schutzzonen hinzu durch aufgekaufte Farmgebiete oder dem Naturschutz abgetretene Territorien der Diamantensperrgebiete. Heute ist der Namib Naukluft National Park mit rund 50 000 Quadratkilometern Fläche das größte

Wildschutzgebiet Afrikas und das viertgrößte der Welt, in das die Schweiz und 16 Mal der Bodensee hineinpassen würden. Das touristische Herz der Namib heißt Sossusvlei – mit seinen bis zu 388 Meter hohen Dünengipfeln ist es Namibias beliebtestes Ausflugsziel. Noch rund 70 Kilometer führt die Straße vom Parktor in Sesriem – wo es nicht viel mehr als das Nationalparkbüro, einen kleinen Laden, einen Campingplatz und die Sossusvlei Lodge gibt – zum Trockensee des Tsauchab River und des Aub River. Genug Zeit für Pkw-Reisende, sich der sandigen Märchenwelt langsam zu nähern und dabei die zunehmende Landschaftsdramatik zu spüren. Wobei die letzte Etappe die Spreu vom Weizen trennt: Nur mit Vierradantrieb ausgestattete Offroadfahrzeuge rollen die verbliebenen fünf Kilometer bis zu den Dünentürmen Big Daddy und Big Mama – auch Aircondition ist hier nicht als nachteilig bekannt! –, während gewöhnliche Autos auf einem immerhin nicht sehr gewöhnlichen Parkplatz stehen bleiben. Von dort machen sich Unerschrockene zu Fuß auf den Weg – die Mehrheit nutzt einen Shuttle-Taxi-Service. Während der Fahrt auf der tief versandeten Piste zeigen sich zu beiden Seiten des Dünenkorridors gewaltige Dünengebilde in windmodellierten Mustern, die sich täglich aufs Neue erfinden. Dann ragen sie auf, die ganz Großen des Sossusvlei, an der Endstation mitten im Sandmeer, dem Dead Vlei. Wo sich alle wieder vereinen: die schweißgetränkten Individualisten, die es zu Fuß schaffen wollten, die Four-Wheel-Begünstigten und die Shuttle-Passagiere – inmitten einer einzigartigen Sandlandschaft, deren Foto auf keiner Reisebroschüre Namibias fehlen darf.

NAMIB FÜR ANFÄNGER

Wer nicht selbst durch die Wüste fahren will, kann beispielsweise den Desert Express von Windhoek nach Swakopmund nehmen. Oder einfach den Bus: Zweimal in der Woche verkehrt die Star-Line zwischen Walvis Bay und Mariental auf einer Strecke, die mitten durch den Namib Naukluft National Park führt. Die Krönung ist ein Rundflug über das Dünenmeer der Namib und entlang der Skelettküsten-Areale, was die entspannteste und vor allem schnellste Wüsten-Annäherung ist – zum Beispiel täglich mit Bush Bird (www.bush-bird.de) oder mit Pleasure Flights & Safaris (www.pleasureflights.com.na). Schließlich wäre eine organisierte Tour durch die Wüste zu empfehlen: Wandern, Safari mit Pferden, Offroadfahren sowie Camping-Touren sind beispielsweise bei »Naukluft Experience« im Programm (www.naukluft-experience.com).

Weitere Informationen zur Namib

Infos zu individuellen Bausteinen einer Namib-Tour inklusive Flug und passende Stopover in Windhoek, Swakopmund und Lüderitzbucht beim Spezialveranstalter **»Abendsonne Afrika«:** www.abendsonneafrika.de

Von oben breiten sich die Gipfel am Kuiseb Canyon im Namib Naukluft National Park bis an den Horizont aus (oben). 11 % Steigung und Bodenwellen machen die Piste über den Gamsbergpass zum Abenteuer. Rechts unten: Duwisib Castle.

36 Über die Pässe zur Namib

Abenteuer für Schwindelfreie

Nicht die bequemste Anreise ins Sanddünenmeer des Sossusvlei, aber eine der schönsten – selbst begabte Lenker werden die abenteuerliche Pässetour durch das Naukluftgebirge als nicht geringe Herausforderung erfahren. In jedem Fall aber als Training eiserner Disziplin, wenn an zahlreichen steilen Haarnadelkurven traumhafte Aussichten zu einem riskanten Blick verlocken.

Gleich hinter der Hauptstadt geht es los mit der zackigen Bergwelt: zur Linken der Großherzog-Friedrich-Berg (2339 m), zur Rechten der Kaiser Wilhelm Mountain (1997 m). Zwischen den Steinriesen mit der deutsch-kolonialen Namensgebung hindurch führt die C 26 als Erstes über den Kupferberg-Pass, durch beeindruckende Gebirgslandschaften. Nach der Gästefarm Weißenfels beginnt die Anfahrt mit bis zu elf Prozent Steigung zum Gamsberg-Pass, der einer der bekanntesten Pässe Namibias ist: Auf 2334 Metern Höhe zieht seine Trasse nur knapp unterhalb des 2347 Meter hohen Tafelbergs vorbei, bei klarer Sicht werden Passfahrer mit einem herrlichen Ausblick über die Namib-Wüste belohnt.

Für hartgesottene Lenker

Wer es nach den ersten Kostproben noch eine Spur härter braucht, könnte jetzt von der C 26 abbiegen und Kurs auf den Spreetshoogte-Pass nehmen. Während der Fahrer sein Lenkrad hoffentlich fest im Griff hat und mit allen Pedalen gleichzeitig jongliert, kommen die Momente der Beifahrer – wenn es über die zweitsteilste Bergtrasse des Landes geht, die sich auf 1780 Meter Höhe windet und den Bremsbelägen bei der Abfahrt eine Steigung von 23 Prozent bietet. Dabei zieht ein berauschendes Bergpanorama an den Wagenfenstern vorbei, das von den Mitfahrern möglichst still zu genießen ist, während sich neben den Radkappen Abgründe auftun. Bloß jetzt nicht Konzentration und Fokus des Fahrers von der kurvigen Pistenstrecke ablenken – so könnte der rettende Imperativ lauten. Wer den speziellen Härtegrad Spreetshoogte-Pass lieber sein lässt, fährt nach dem Gamsberg-Pass einfach weiter auf der C 26 und kann sich am Kuiseb-Pass entscheiden: entweder an der Henno-Martin-Höhle vorbei und dann quer durch die Wüste bis nach Walvis Bay, oder weiter nach Süden über den relativ harmlosen Gaub-Pass, der zwischen den Kam- und den Wittbergen verläuft. Nach kurvigem

Spektakel werden sich die Wagemutigen und die normalen Passfahrer ohnehin an der Tankstelle in Solitaire wiedertreffen. Von hier aus führt die C 14 auf der letzten Etappe an den 1965 Meter hohen Naukluftbergen vorbei bis nach Sesriem. Die Naukluftberge sind für Wander- und Naturfreunde eine Empfehlung: Auf dem Waterkloof-Wanderweg (20 km), dem Oliven-Wanderweg (10 km) und dem Naukluft-Wanderweg (120 km) lässt sich eine der schönsten Gebirgslandschaften auf zum Teil mehrtägigen Tracks mit Übernachtungen in Hütten erschließen.

Von Sesriem weiter nach Süden

Ohne Spreetshoogte-Pass hat die Gesamtstrecke eine Länge von etwa 400 Kilometern, einschließlich des extremen Streckenabschnitts sind es nur knapp 300. Die Rückfahrt nach Windhoek lässt sich auf der C 24 über den Remshoogte-Pass bequemer gestalten, der zwischen den Remshoogte-Bergen (1853 m) und den Rantbergen (2149 m) hindurchführt und in Rehoboth auf die B 1 nach Windhoek stößt.
Wer es bis nach Sesriem und ins Sossusvlei geschafft hat, wird weiterfahren: über Helmeringshausen und Aus bis zur Lüderitzbucht. Die rund 400 Kilometer lange Strecke geht auf der C 27 in südlicher Richtung an der Namib Rand Nature Reserve und den Wolwedans Lodges vorbei.
Danach taucht hinter der Abzweigung der D 826 in Betta das verrückte Wüstenschloss des preußischen Artillerie-Offiziers Baron Hansheinrich von Wolf auf: Duwisib Castle. Mit Glück kann man westlich von Aus neben der B 4 die Wüstenpferde von Garub sehen, bevor es auf solidem Asphalt, den zuweilen der Sand der Namib verweht, zielgerade bis nach Lüderitz geht, wo der allerprächtigste Jugendstil aus dem Wüstensand wächst.

ÜBERNACHTUNG AN DER STRECKE

Zwecks gemeinsamer Vermarktung haben sich in der Naukluft-Gebirgsregion die Gästefarmen Ababis und Büllsport unter dem Label »Naukluft Experience« zusammengetan. An der Strecke wartet noch eine Reihe weiterer Wüstenherbergen, die an der Passstrecke liegen: Namib Naukluft Lodge (Bild), Zebra River Lodge, Solitaire Country Lodge, Namibgrens Guest Farm und Rostock Ritz Desert Lodge. »Ababis« wurde 1904 inmitten einer bildschönen Strauchsavanne am Rand der Naukluftberge erbaut und von der Deutschen Schutztruppe als Pferdewechselstation genutzt. Von der Pferde- und Karakulschafzucht sowie gelegentlichen Übernachtungen lebt man auf Büllsport, das schon 1930 Anlaufstelle von Ochsenwagentrecks zwischen Walvis Bay und der Südregion war.

WEITERE INFORMATIONEN ZUR PÄSSE-TOUR

Websites zu den Übernachtungen:
www.naukluft-experience.com, www.ababis-gaestefarm.de, www.buellsport.com, www.namib-naukluft-lodge.com, www.namibweb.com/zebrariver.htm, www.namibgrens.com, www.namibialodges.com

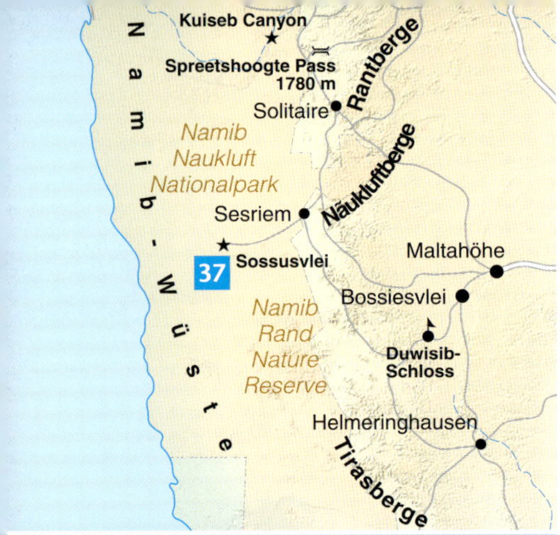

Nach dem Ballon-Spektakel gibt es das obligatorische Champagnerfrühstück, bevor sich die Passagiere in die jeweilige Lodge ans Büffet machen.
Rechts oben: Sossusvlei Wilderness Camp.

37 Über dem Sossusvlei

Im Ballon in der Schwebe

Mit bis zu 388 Meter hohen Riesendünen ist das Sossusvlei Namibias beliebtestes Ausflugsziel. Wer die spektakuläre Strecke vom Parkeingang bis zu Big Daddy und zu Big Mama im Dead Vlei am frühen Morgen in Angriff nimmt, wird durch zarte Pastellbilder der riesigen Sandgebilde reich belohnt. Ohne jede Alternative ist trotzdem die Perspektive von oben!

Wer die Grafik der sandigen Wunderwerke aus der himmlischen Distanz betrachten darf, wird dieses Erlebnis als unvergesslich abspeichern. Allerdings ist die einstündige Ballonfahrt keine preiswerte Veranstaltung, jedoch ein kompaktes und intensives Abenteuer, wenn unten zackige Gebirgsketten vorüberziehen und dann ein Ozean aus Sanddünen auftaucht. Als ganz persönlicher Traum fängt so etwas an, erzählt der Firmeninhaber Eric Hesemans, den der Belgier aus Zaire in erster Linie für sich selbst verwirklichen wollte. Seit beinahe zwei Jahrzehnten ist sein Unternehmen Namib Sky Ballon Safaris im Sossusvlei professionell im Einsatz. Sechs Luftgefährte, die mit je 80 000 bis 100 000 Euro zu Buche schlagen, gehören zur Ausstattung, dazu kommen 15 Geländefahrzeuge und 25 Angestellte. Das hat seinen Preis. Nicht zu vergessen sind dabei die hohen Versicherungskosten und teuren Sicherheitsstandards sowie pro Fahrt bis zu 15 Kilogramm Propangas, das aus Windhoek herangeschafft werden muss, damit sich die notwendigen 6500 Kubikmeter Heißluft im 1200 Quadratmeter großen Hyperlast-Polyestersegel zu einem tragfähigen Ballon aufbauen können.

Nur für »frühe Vögel«

Frühaufsteher sollte man sein, denn je kühler die Luft, desto besser die Thermik, umso leichter steigt der Heißluftballon in den Himmel über der Wüste. Wenn die ersten Sonnenstrahlen die Spitzen der umliegenden Bergketten in magisches Licht tauchen und der Horizont zu glühen beginnt, also um sechs Uhr früh, ist es trotz Tagestemperaturen bis zu 40 Grad Celsius noch bitterkalt. Beim Kommando »Leinen los!« verliert das monströse Luftgefährt die Bodenhaftung und steigt auf. Astrid Gehrhardt, Fluglehrerin und Weltrekordlerin im Ballonfahren der Ballonsport-Gruppe Stuttgart, ist heute die Pilotin. Auf 450 Meter Flughöhe explodiert der Sonnenball, während die Welt tief unten zur Miniatur zusammenschrumpft. Nur hin und

wieder wird die Stille beim Dahinschweben vom brüllenden Fauchen des Gasbrenners durchbrochen, wobei die Passagiere im Lastkorb auf prickelnde Weise verspüren, dass sie nicht wirklich viel Materie von dem da unten trennt. Auf 1000 Metern Höhe, der maximalen Steighöhe, erweitert sich der Horizont zur Unendlichkeit. Düne Nr. 1 präsentiert sich in rötlicher Pracht, dann rückt Nr. 45 ins Blickfeld, die meistfotografierte und am meistenbestiegene, weil sie die Einzige ist, an die man ganz mit dem Wagen heranfahren kann. Bei 30 Stundenkilometer schwebt der Ballon über das Dünenmeer – mit 360-Grad-Ausblicken. Zu dieser Zeit sind die Selbstfahrer auf der 70 Kilometer langen Strecke vom Parktor in Sesriem, das erst bei Sonnenaufgang öffnet, gerade unterwegs zum Sandspektakel, wir schweben bereits oben drüber: acht Passagiere im Korb, Pilotin inklusive, und sehen die anrückende Blechkarawane in der Tiefe.

Aufregend, bis die Korken knallen

Die Pilotin erklärt Luftverhältnisse und Gesamtwetterlage: Alles viel stabiler als in Europa, sagt sie, nur der berüchtigte Küstennebel und der Wind, der alles bestimmt, lassen rund 30 Fahrtage im Jahr ausfallen. Dreht der auf eine ungünstige Richtung, muss der Ballon sofort wieder herunter. Für jedweden Flugverkehr gilt striktes Landeverbot in den Dünen des Sossusvlei National Park, und prompt folgt die Geschichte einer unglücklichen Landung mitten im Tsauchab River.

Heute soll der Touchdown punktgenau auf dem Trailer des Namib-Sky-Geländewagens erfolgen. Tatsächlich geht der Korb nach einer Stunde Traumfahrt über der sandigen Weite zielsicher auf dem Anhänger nieder, der neben dem obligatorischen Frühstücksbuffet parkt. So will es der Brauch nach einer aufregenden Ballonfahrt: Minuten später knallen die Champagner-Korken in den Himmel der Wüste.

TRAUM-LODGES IM SAND

Das Sossusvlei gehört zu den meistbesuchten Attraktionen Namibias, sodass sich inzwischen über zwanzig Wüsten-Herbergen um das Dünen-Spektakel etabliert haben. Die Sossusvlei Lodge (www.sossusvleilodge.com) sowie ihr rustikalerer Ableger Desert Camp (www.desertcamp.com) liegen nahe am Parkeingang in Sesriem. Von dort sind es noch über 70 Kilometer bis ins Sossusvlei. Näher dran sind die Wüstenlodges auf dem 22 000 Hektar großen Konzessionsgebiet von Wilderness Safaris, alle mit eigener Einfahrt zum Dünengebiet des Nationalparks: die Kulala Desert Lodge, das Sossusvlei Wilderness Camp, das Kulala Wilderness Camp sowie das exklusive »Little Kulala« (www.wilderness-safaris.com). Der Architektur einer maurischen Burganlage nachempfunden, steht die Le Mirage Desert Lodge & Spa (www.leadinglodges.com/lemirage) wie ein Klotz in der Wüste.

WEITERE INFORMATIONEN ZUM BALLONFAHREN IM SOSSUSVLEI

Namib Sky Balloon Safaris:
www.namibsky.com,
www.balloon-safaris.com

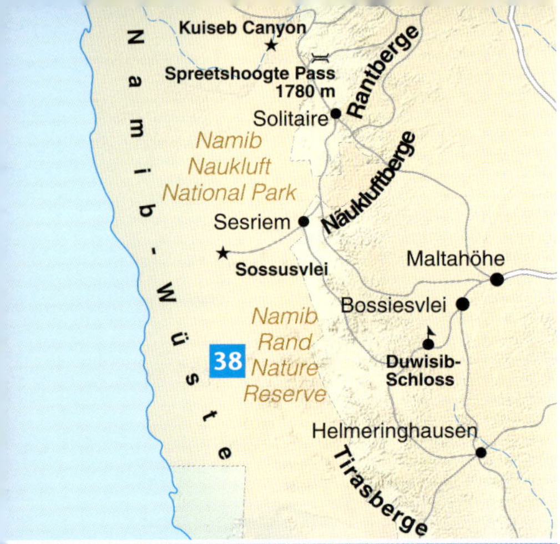

Die Chalets der exklusiven Wolwedans Dunes Lodge der NamibRand Nature Reserve machen die private Safari von der Terrasse aus möglich: Große Herden von Spießböcken, Kudus, Zebras, Straußen sowie Leoparden und afrikanische Wildkatzen gehören hier ebenso zum Tierbestand wie Hyänen und Schakale.

38 NamibRand Nature Reserve

Wüsteneldorado exklusiv

An den östlichen Namib Naukluft National Park grenzend hat der deutschstämmige Südwestafrikaner Albi Brückner durch Aufkäufe unrentablen Farmlandes die NamibRand Private Reserve zusammengestückelt – in einem der landschaftlich reizvollsten Gebiete der Namib-Region. Wer auf dem Wolwedans Airstrip landet, wird von prachtvollen Oryxantilopen begrüßt.

Brückners privates Naturschutzgebiet erstreckt sich über 120 Kilometer von Nord nach Süd und lockt mit einer vielfältigen Tierwelt: Rund 3000 Oryxantilopen, 1000 Springböcke, etwa 50 Zebras und gut 500 Strauße hat die letzte Zählung ergeben, dazu zahlreiche andere Tierarten. Zum Herzstück der Brückner-Stiftung gehört die Lodge Wolwedans, ein hölzernes Wunderwerk rustikaler kubischer Bauten, durch Laufstege auf Stelzen miteinander verbunden, fachgerecht von versierten Zimmerleuten aus Ostdeutschland in 240 Meter hohe Dünen gesetzt.

Wolwedans Dune Camp

»Thank you for a wonderful stay. Everyone and everything has been amazing. We hope to be back soon«, schrieb Angelina Jolie ins opulente Gästebuch des Wolwedans Dune Camp. Und die Adoptivkinder Maddox und Zahara haben ihre Namen daruntergesetzt. Die in Namibia geborene Tochter Shiloh Nouvel Jolie-Pitt steht nicht mit drin, denn die Kleine kam erst nach dem Wolwedans-Aufenthalt in Langstrand zwischen Swakopmund und Walvis Bay zur Welt.

Ganz sicher hat inzwischen eine Menge weiterer Prominenter den besonderen Luxus genossen, dass der Lodge weitgehend die Wände fehlen, was eine Safari vom Hotel aus möglich macht – mit Blick vom Kopfkissen auf Antilopen- und Zebraherden vor rot schimmernden Wüstendünen und bildschönen Gebirgsketten. 1600 Kilometer Zäune mussten beseitigt und 120 Kilometer Straßen stillgelegt werden, um Albi Brückners Lebenswerk auf 180 000 Hektar renaturierter Wildnis – dreimal so groß wie der Bodensee – zu schaffen. 1984 wurde die erste von 13 Farmen gekauft. Dann die nächste, wenn wieder einmal einem Farmer das Wasser in der Wüste bis zum Hals stand und das wirtschaftliche Ende nahte, weil sich dem trockenstaubigen Sandboden der Namib-Region bei viel zu geringen Niederschlägen kaum Erträge abringen ließen.

Renaturierte Wildnis

Karakulfarmen waren die meisten, also Schaffarmen, die ihren Gewinn daraus zogen, den Lämmern am Tag ihrer Geburt das Fell über die Ohren zu ziehen, um daraus Pelze zu machen. Dann brachten Anti-Pelz-Kampagnen in Europa und eine lange Dürrezeit den Markt weitgehend zum Erliegen. Inzwischen ist das Brückner-Naturreservat in eine Stiftung übergegangen, die mehr als 140 Menschen beschäftigt, wobei eine nicht unwesentliche Einnahmequelle der Lodge-Betrieb ist. Den hat der betagte Senior längst an seinen Sohn Stephan übergeben, der die vier Wüstenherbergen der Wolwedans Collection von Windhoek aus lenkt. Ein besonderes Thema ist dabei die Infrastruktur hinter den Kulissen: Die Energieversorgung läuft über Solaranlagen, Wasser wird 140 Meter tief aus der Erde gepumpt, Brauchwasser im Schilfbett biologisch gefiltert und wieder genutzt. Die Betriebskosten sind hier höher als in vergleichbaren Betrieben. Der Unterhalt von Straßen und Pisten, Airstrips und Flugzeugen verschlingt ebenso Unsummen wie der alltägliche Güter-, Angestellten- und Gästetransport. Nicht ohne Stolz erklärt der Junior, dass Wolwedans ausschließlich mit einheimischen Kräften auskommt. Wenn zum abendlichen Dinner Nama-Köche ihr mehrgängiges Menü in ihrer Klick-Laut-Muttersprache annoncieren und dazu die untergehende Sonne über den herrlichen Sterndünen der NamibRand eine Farborgie aus Rot- und Goldtönen produziert, reicht die älteste Wüste der Welt atmosphärisch bis an den Tellerrand. Jedenfalls heute, denn der Hauptgang wird, sagen die Nama-Klicks des Oberkellners, ein Kudu-Steak sein.

DER STRAUSS

In trockenen Wüstenregionen gedeiht er hervorragend, der Strauß (Struthio Camalus). Ein sonderbarer Vogel, der nicht fliegt, aber mit vier Meter weiten Schritten bis zu 50 Kilometer in der Stunde läuft. Ein Straußenhahn wird 2,5 Meter groß und 150 Kilogramm schwer – und das alles auf Beinchen, die so lang und so dünn wie sein Hals sind. Zu diesen Kuriositäten passt, dass seine schönen, langen Wimpern sanfte Federn sind und dass die Füße aus nur zwei Zehen bestehen, die allerdings kräftige Krallen tragen und, wenn Gefahr droht, zu gefährlichen Kampfwerkzeugen werden. Das schwarzweiß gefiederte Männchen kann sich vehement zur Wehr setzen, sodass ihm sogar Elefanten und Löwen aus dem Weg gehen. Er kann ohne Wasser auskommen, weil ihm die Flüssigkeit von kleinen Beutetieren, Früchten und wasserhaltigen Sukkulenten vollkommen ausreicht.

WEITERE INFORMATIONEN ZUR NAMIBRAND NATURE RESERVE

Zur Wolwedans Collection gehören die **Dunes Lodge, Mountain View Suite, Dune Camp, Boulders Safari Camp** und das **Wolwedans Private Camp:** www.wolwedans-namibia.com.
Infos in Deutschland: www.ExclusiveTravelChoice.com

Am frühen Morgen ziehen Herden von Springböcken, aber auch einige Kapfüchse durch den Gondwana Namib Desert Park. Eine traumhafte Umgebung haben sich die Canyon Lodge sowie die prächtigen Köcherbäume im Gondwana Canyon Park, Fish River Canyon, ausgesucht.

39 Gondwana Desert Collection

Vier auf einen Schlag

Ins Sanddünenmeer des Sossusvlei, in die fast 2000 Meter hohen Naukluftberge, ins NamibRand Reserve, in die Karoo oder doch lieber in die Kalahari? Die Gondwana-Four-Deserts-Tour schafft in neun Tagen vier Wüsten und verschafft ihren Teilnehmern die eindrucksvollsten und vielfältigsten Sand- und Dünenlandschaften, die Namibia zu bieten hat.

Die Gondwana Desert Collection besteht aus vier privaten Naturparks im Süden Namibias: dem Gondwana Kalahari Park im Kalahari-Gebiet nordöstlich von Mariental, dem Gondwana Canyon Park am Fish River Canyon, dem Gondwana Sperrgebiet-Rand Park westlich von Aus und dem Gondwana Namib Park nördlich von Sesriem. Alle vier Naturparks bieten Aktivitäten wie Wandern oder Nature Drives an sowie Unterkünfte unterschiedlicher Kategorie.

Gondwana Kalahari Park

Alle zwei Wochen zieht die Wüsten-Expedition der Gondwana-Four-Deserts-Tour von Windhoek aus los. Zunächst Richtung Süden in die Ausläufer der Kalahari. Immergrüne Akazien und Kameldornbäume und das Gelb der Steppe bieten fotogene Kontraste zum roten Sand der Kalahari-Dünen. Wenn die Sonne langsam hinter den Sandbergen der Wüste versackt, schwirren die putzigen Webervögel wie verrückt um ihre klobigen Nester, die im Gegenlicht wie dunkle, undefinierbare Säcke von ihren Wirtsbäumen hängen. Eiseskälte breitet sich schnell aus. »The Song of the Kalahari« heißt der beinahe außerirdische Abgesang, der sich in allen Rotfarben allabendlich wiederholt. Mit 1,2 Millionen Quadratkilometern gilt die Kalahari-Wüste als das größte zusammenhängende Sandgebiet der Welt. Sie ist um ein Vielfaches so groß wie Großbritannien und verteilt sich auf die drei aneinandergrenzenden Länder Südafrika, Botswana und Namibia. Mit ihren gewaltigen Sanddünen, die je nach Sonnenstand extrem wechselnde Farbspiele vorführen, zählt sie zu den spektakulärsten Erlebnissen des südlichen Afrikas. Trotz ihrer harten Natur fühlen sich in ihr Tausende Wildtiere zu Hause: Oryxantilopen, Hyänen, Wüstenluchse und Wüstenfüchse, Streifengnus, Schakale und Löffelhunde. Sogar Geparde zeigen sich dann und wann, und mit viel Glück sieht man Kalahari-Löwen. Die San, steinzeitliche Buschmenschen, vollbringen hier ihr Überlebenswunder.

Fantastische Aussichtspunkte: Blick in den gewaltigen Fish River (ganz oben), Romantik pur in der Canyon Lodge des Gondwana Canyon Park (Mitte), Camper am Rand des Abgrunds.
Oben rechts: Farbspektakel zwischen den Sanddünen des Sossusvlei und Felsspektakel im Sesriem Canyon (unten rechts).

Gondwana Canyon Park

Vom namibischen Teil der Kalahari geht es weiter zum Gondwana Canyon Park: Imposante Köcherbäume stechen hier und da aus spärlich bewachsenen Ebenen hervor, aus denen imposante Plateauberge und vereinzelte Granit- und Doleritkuppen aufragen. Vor rund zehn Jahren kämpften hier noch Farmen um ihre Existenz. Bis der Deutsch-Namibier Manfred Goldbeck 1995 zusammen mit Freunden begann, an den Rändern des Fish River Canyon National Park riesige Farmgebiete aufzukaufen, Zäune abzubauen und den Wildbestand durch Zukäufe aufzustocken. Am Ende stand die Gründung des Gondwana Canyon Park. Heute leben hier wieder viele Hundert der seltenen Bergzebras, Oryxantilopen, Kudus und Tausende Springböcke. Sowohl das private Canyongebiet Gondwanas wie auch das des staatlichen Nationalparks gleich nebenan offenbaren eine grandiose Landschaft, die von den tief eingesägten Schluchten eines riesigen Felsdramas geprägt ist.

Gondwana Sperrgebiet-Rand Park

Auf der Gondwana-Four-Deserts-Tour geht die Reise jetzt weiter nach Westen in die Sukkulenten-Karoo, eines der artenreichsten Wüstensysteme der Welt: Ein bisschen Regen – und aus dem Wüstenboden sprießt wie von Zauberhand ein Blütenteppich in tausend Farben! An die 2000 Sukkulenten-Arten bringen diese erstaunliche Wüstenflora hervor, während die Fauna nur auf rund hundert Wirbeltierarten kommt. Zu diesen gehört der Schakal, der in der trostlosen Wüste auf die Kraftlosigkeit seiner tierischen Kollegen spekuliert. Der Gondwana Sperrgebiet-Rand Park ist der ideale Ausgangspunkt für den Besuch der Wildpferde von Garub, von Lüderitzbucht und vor allem auch der Geisterstadt Kolmanskuppe.

Gondwana Namib Park

Als Letztes geht es in die älteste Wüste der Welt, die Namib. Deren größte Attraktion ist das Sossusvlei mit den höchsten Dünen der Welt. Um das

Dünenspektakel in seiner schönsten Form zu erleben, sollte die Anfahrt von Sesriem aus frühmorgens erfolgen, um das ständig wechselnde Farbenspiel durch die aufsteigende Sonne mit seinen scharfen Kontrasten zu genießen. Ausreichend Wasservorräte sowie Sonnenschutz sind wichtig, auch wenn der frühe Morgen noch Kühle verspricht – Sonneneinstrahlung und Wärmeentwicklung sind meist gnadenlos. Wer die rund 70 Kilometer vom Parkeingang bis ins Sossusvlei noch vor Sonnenaufgang geschafft hat, dem zeigen die ersten zaghaften Strahlen der Sonne großartige Sterndünen mit exakt gezogenen Schattenbereichen in einem stündlich wechselnden Kaleidoskop von Farben, die von Beige zu Orange, Rostrot und Violett wechseln. So weit das Auge reicht, bauen sich bis zu 300 Meter hohe Dünen mit ihren vom Wind glatt modellierten Sandflächen neben- und hintereinander auf und präsentieren ihre einzigartig majestätischen Gipfel. Für die Strecke vom Sossusvlei-Parkplatz bis ins Dead Vlei muss der Reifendruck der Allradfahrzeuge von drei auf zwei Bar abgesenkt werden, da die Sandpiste mitunter sehr zäh wird; ein normaler Personenwagen hätte keine Chance.
Bestandteil der Gondwana-Four-Deserts-Tour ist auch die eindrucksvolle Schlucht des Sesriem Canyon, der vor drei Millionen Jahren entstand, als eine tektonische Verwerfung tiefe Einbrüche hervorbrachte, die dem Tsauchab River den Weg bahnten. Während einer feuchteren Phase grub sich der Fluss ein bis zu 30 Meter tiefes Bett durch die Geröllschichten.
Nach Westen zu verbreitert sich der beeindruckende Felsgraben (der Canyon) und bildet ein weites Trockenflusstal, das sich bis zu den Dünenfeldern des Sossusvlei erstreckt. Die Ortsbezeichnung Sesriem geht übrigens aufs Wasserschöpfen aus dem Canyon des Tsauchab zurück: Dazu wurden Eimer an sechs verknoteten Ochsenriemen (vom Canyonrand) hinabgelassen und gefüllt wieder heraufgezogen.

DIE RÜCKKEHR DER RHINOS

Zum ersten Mal in der Geschichte des namibischen Naturschutzes leben wieder Rhinozerosse in der Region des Fish River Canyon – dank einer aufwendigen Umsiedlungsaktion, bei der vier Spitzmaulnashörner aus dem Damaraland und dem Etosha National Park in das 1260 Quadratkilometer große Naturschutzgebiet Gondwana Canyon Park verbracht wurden. Nach Überprüfung des Gesundheitszustands und dem Einsetzen von Peilsendern in die Hörner der beiden geschlechtsreifen Nashornpaare fand vor Ort die Aussetzung statt. Schon längst waren Nashörner im Süden Namibias ausgerottet; bis vor wenigen Jahrzehnten drohte sogar das Aussterben in ganz Namibia. Seit einiger Zeit werden die Tiere unter strenger Reglementierung durch das namibische Umweltministerium umgesiedelt, um sie in ihren angestammten Lebensräumen wieder heimisch zu machen. Der Bestand konnte sich inzwischen deutlich erholen und wird derzeit auf 1100 Tiere geschätzt.

WEITERE INFORMATIONEN ZUR GONDWANA DESERT COLLECTION

Übernachten: im Canyon Road House, in der Canyon Lodge, im Canyon Village oder im Canyon Mountain Camp: www.gondwana-desert-collection.com, www.gondwana-collection.com

Der Weg der einsamen Strommasten führt durch die Wüste bis ans Ende der Welt, zur Lüderitzbucht. Unverrückbar steht dort die evangelisch-lutherische Felsenkirche, Baujahr 1911, als Mahnmal der deutsch-kolonialen Ära auf dem Diamantenhügel (rechte Seite).

40 Lüderitzbucht

Wo einmal alles begann

Mit dem zweifelhaften Kauf trostloser Sandgebiete rings um die Lüderitzbucht vom Stamm der Nama läutete der Bremer Kaufmann Alfred Lüderitz die deutsche Kolonialzeit in Südwest ein. Im Jahr 1904 wurde Lüderitz zum kaiserlichen Truppenstützpunkt und in der Folge zu einem profitablen Handelsplatz. Wenige Jahre später machte die Entdeckung von Diamanten das Städtchen über Nacht zur Boomtown am Ende der Welt.

Archäologische Fundstätten belegen, dass in Namibia schon vor 750 000 Jahren ein frühmenschlicher Homo sapiens mit Steinäxten auf Großwildjagd unterwegs war, was der Vergangenheit des Wüstenstaats einen sehr weiten Horizont verschafft. Nur ein Meilenstein in der Geschichte war deshalb, was Ende des 19. Jahrhunderts in Lüderitzbucht begann. Gleichwohl sorgten zwei schwerwiegende Schicksalsfügungen für eine Zeitenwende, die das bis dahin weitgehend archaische Land auf einen Schlag in die Moderne katapultierte: Der Anmarsch der Deutschen, deren Kaiser sich ein Sahnestück vom kolonialen Kuchen abzuschneiden gedachte, sowie die beinahe zeitgleiche Entdeckung von Diamanten.

Kampf gegen den Sand

Wer über zackige Bergketten, weite Ebenen und bizarre Dünenlandschaften von Windhoek aus einfliegt und nach einer Stunde am fernen Horizont das Blau der Küste erkennt, hat es zu einem der skurrilsten Flecken der Erde geschafft. Umgeben von dicken Sandpaketen, die den Kampf gegen die Natur beständig herausfordern, liegt Deutsch-Südwest hier im wahrsten Sinne des Wortes begraben. Die nächstgelegene Stadt, Keetmanshoop, ist etwa 350 Kilometer entfernt, die einzige Verbindungsstraße über die Ortschaft mit der sinnfälligen Bezeichnung »Aus« muss dauerhaft von Treibsand befreit werden, an die wild zerklüfteten Küstenstreifen aus Schiefer und Granit schwappt frostig der Atlantik. Der Sand der Namib machte schon den frühen Siedlern zu schaffen, vor allem verwehte er die Bahngleise, die die einzige Verbindung ins Inland war. Wanderdünen machten auch vor Häusern nicht halt, selbst Schutzmauern nutzten nichts.
Wie stark der Sand den frühen Siedlern zusetzte, schildert Walther Wülfing in

Kaum zu glauben, dass der unwirkliche Jugendstil zwischen Atlantikküste und Namib-Wüste wirklich existiert. Das Goerke-Haus in der Diamantenstraße (oben Mitte) ist als Museum auf geführten Touren zu besichtigen, und ein Gottesdienst in der Felsenkirche (rechts) an einem Sonntag ein Muss.

seinem Roman *Dich ruft Südwest!* (1930), in dem er seine Romanhelden mit der Eisenbahn über Aus nach Lüderitz reisen lässt, um dort an Bord eines Dampfers nach Kapstadt zu gehen: »Ungeheure Sandberge türmten sich neben dem Bahnkörper auf, sodass dieser in steter Gefahr war, verweht und verschüttet zu werden. Die Dünen sind an dieser Stelle der Namib ständig im Fluss und wandern unaufhörlich von Süden nach Norden. Man hat alles Mögliche versucht, diesem Wandern Einhalt zu tun: Festlegen des Sandes durch Anpflanzen von Stechgräsern, Belegen mit Strohmatten, Aufführen von Schutzmauern usw., alles ist bisher vergeblich gewesen. Außer der Anlage von kostspieligen Tunnels ist das einzige Mittel, den Bahnkörper freizuhalten, die anrückende Düne durch gewaltige Keilmauern zu teilen, und dann die Sandmassen teils durch Menschenhand, teils durch riesige Vakuummaschinen auf die Nordseite der Geleise zu befördern, wo sie dann unschädlich sind und weiter nach Norden wandern.«
Trotz der unerbittlichen Natur leben in Lüderitz 26 000 Einwohner. Von den acht Prozent Bewohnern weißer Hautfarbe sind noch etwa 100 deutschstämmig. Marion Schelkle ist eine von den wenigen, die in der von Sand umzingelten Atlantikenklave ausharren. Die meisten zögen fort von diesem Erdenzipfel, erzählt sie nicht ohne Bedauern in der Stimme, weil sie hier keine Zukunft mehr sehen. Um gleich darauf voller Stolz die schmucken Jungendstilbauten in der Bergstraße, der Kirchstraße und der Hohe Straße vorzuführen, die Turnhalle des Männerturnvereins Lüderitzbucht, den Lesesaal und Kapps Konzert- und Ball-Saal, Baujahr 1907. Die architektonischen Vorbilder standen an der vornehmen Hamburger Elbchaussee, die gar nicht so weit weg lag, denn Lüderitz war mit Hamburg durch die fahrplanmäßig verkehrende Woermann-Schifffahrtslinie verbunden.

Am Ende der Welt

Manche der steinreich gewordenen Diamantenbarone und wohlhabende Kaufleute, so ist überliefert, ließen sich durch Woermann feinsten Elbsand anliefern, um ihre Gründerzeit-Villen auf ein original hanseatisches Fundament stellen zu können – wobei Lüderitz in Sandbergen förmlich versank. Aber das war eben kein deutscher Sand. Mit seinem Fundus an verspielter deutscher Kolonialarchitektur kann Lüderitz auftrumpfen: Die liebevoll restaurierten Häuser, hier mit fein gearbeiteten Holzgiebeln, dort mit bleiverglasten Bogenfenstern, kunstvoll geschreinerten Holzveranden oder stilvollen Treppenaufgängen sind ein Blickfang, der nicht nur Fotografen begeistert. Die 1911 erbaute evangelisch-lutherische Felsenkirche auf dem »Diamantenhügel«, auf dem sich die beeindruckendsten Villen versammeln, ist das Wahrzeichen von Lüderitz. Ihr Architekt Walter Bause konnte auf private Spenden aus Deutschland zurückgreifen und schaffte es, den Kirchbau in nur einem Jahr zu vollenden. Unter den Geldgebern war Kaiser Wilhelm II., der die bleiverglasten Chorfenster über dem Altar beisteuerte, während seine Gattin die Altarbibel stiftete. Die Alte Post in der Schinzstraße wurde 1908 vom Eisenbahnkommissar Oswald Reinhardt ent-

worfen, der Alte Bahnhof Ecke Bismarck-/Bahnhofstraße 1907 zusammen mit der Bahnlinie fertiggestellt. In der Bergstraße 13 ist Haus Grünewald zu bewundern, das der erste Bürgermeister von Lüderitz, Emil Kreplin, bezog. Mit am prachtvollsten ist das Goerke-Haus, 1910 von Architekt Otto Ertl an den Hang des Diamantbergs gesetzt. Das Domizil von Leutnant Goerke, der 1904 mit der Deutschen Schutztruppe erst nach Swakopmund und später nach Lüderitzbucht kam, galt schon damals als eines der Vorzeigestücke deutscher Südwest-Architektur. Was sicher auch darauf zurückzuführen war, dass der clevere Leutnant ins Diamantengeschäft umstieg, als die ersten Funde den Geldrausch einleiteten. Goerke führte schließlich die Bücher von sechs Minen – die 20 000 Reichsmark für seine Villa, heute ein Museum, ließen sich da problemlos aufbringen. Eine Besichtigung der Jugendstil-Perle zählt zu den Highlights.

Das Edelstein-Eldorado von heute

Diamanten sind immer noch da und erwirtschaften einen nicht unbeträchtlichen Anteil des Staatshaushalts. Namibias Edelsteinproduktion steht weltweit an fünfter Stelle; die größte Minengesellschaft des Landes, die Namdeb Diamond Corporation mit Basis in Oranjemund beschäftigt über 3000 Menschen. Die »verbotene Stadt« an der Diamanten-schweren Mündung des Oranje River fand sich bislang in keiner Entfernungstabelle, und ein Selbstversuch war schwierig: Der Hauptsitz der Namdeb, die zu gleichen Teilen der De Beers-Gruppe und dem namibischen Staat gehört, galt noch bis vor Kurzem als streng kontrolliertes Sperrgebiet und konnte nur mit Vorabgenehmigung und unter strikten Sicherheitsvorkehrungen besucht werden. Der touristische Aufschwung in diesem Gebiet wird aber auch hier in absehbarer Zeit wahrscheinlich eine Trendwende schaffen (www.namdeb.com).

REISEN AM ENDE DER WELT

Wer es bis nach Lüderitz geschafft hat, muss weiter. Denn das Küstenstädtchen zwischen Atlantik und Namib wartet nicht nur mit altdeutschen Baudenkmälern und Konditoreiwaren auf. Um die sagenumwobene Bucht weht auch heute noch der Hauch von Abenteuer: Eine Rundfahrt um die Lüderitz-Halbinsel führt in die Sturmvogelbucht, wo die verrottenden Überreste einer norwegischen Walfangstation zu sehen sind, zum alten Leuchtturm, der seit 1910 vorbeifahrende Schiffe auf Distanz hält, und zum legendären Diaz-Kreuz, das der portugiesische Seefahrer Bartholomeu Diaz nach der Umsegelung des Kaps der Guten Hoffnung am 25. Juli 1488 errichtet hatte. Brillenpinguine und Flamingos kann man auf Halifax Island und in der Großen Bucht auf einer Bootsfahrt beobachten.

WEITERE INFORMATIONEN ZUR LÜDERITZBUCHT

Unterkunft: Bed & Breakfast mit kolonialem Ambiente im »Kratzplatz« in der Nachtigal Straße (www.kratzplatz.com) oder im luxuriöseren Lüderitz Nest Hotel mit Pool, Strand und Austernbar in der Diaz Straße, www.nesthotel.com

Der Ort, an dem mit den ersten Diamantenfunden einmal alles begann: Die Geisterstadt Kolmanskop begeistert Besucher heute als Freilichtmuseum ebenso wie das 55 Meter hohe Naturschauspiel Bogenfels im Diamantensperrgebiet, wo die glitzernden Steine damals einfach so im Sand lagen.

41 Kolmanskop und das Sperrgebiet

Im Sand funkelnder Steine

Heute zählt die Geschichte der Diamanten neben den Baudenkmälern zu den touristischen Juwelen von Lüderitz. Nichts könnte die Vergangenheit der Stadt besser erzählen als ein Besuch des nahe gelegenen Kolmanskop, jener grotesken »Jugendstilfabrik« in der Wüste – sowie eine Reise ins »Sperrgebiet«.

Lüderitz-Touren entlang der »verbotenen Küste« führen zum Naturdenkmal Bogenfels, zur Diamanten-Geisterstadt Pomona und ins Märchental. Dort begann alles, als der schwarze Bahnarbeiter Zacharias Lewala im April 1908 auf einen merkwürdigen Stein an den Gleisen nahe dem Bahnposten Grasplatz stieß, den er sogleich seinem Vorgesetzten, dem deutschen Oberbahnmeister August Stauch, vorzeigte, der ihn sofort untersuchen ließ. Nachdem ein Geologe festgestellt hatte, dass es sich um einen Diamanten handelte, besorgte sich Bahner Stauch bei der Deutschen Kolonialen Gesellschaft flugs eine Konzession und gründete die Deutsche Diamanten Gesellschaft. Scharenweise strömten Glücksritter aus allen Teilen der Welt an die glücksverheißende Bucht, deren dürftige Hafensiedlung sich zu einem quirligen Eldorado wandelte. Natürlich wollte sich die deutsche Kolonialregierung den im Sand liegenden Reichtum nicht entgehen lassen. In Windeseile wurde zwischen dem 26. südlichen Breitengrad und dem Oranje-Fluss an der Grenze zu Südafrika sowie 100 Kilometer landeinwärts eine »verbotene Zone« eingerichtet, das Diamantensperrgebiet. Der Minenbetrieb begann nun im großen Stil: 1909 in Idatal/Stauchs-lager, Kolmanskuppe, Charlottental und Bogenfels, 1911 in der Elisabethbucht und 1912 in Pomona. Die Minen der Deutschen Diamanten Gesellschaft, der Kolonialen Bergbau Gesellschaft, der Vereinigten Diamantminen Aktien Gesellschaft, der Diamanten Pacht Gesellschaft und der Bahnfelder Diamanten Gesellschaft brachten unvorstellbare Gewinne.

Wie im Märchen

Wenn das Bargeld knapp wurde, bezahlte man die Barmädchen in Kapps Hotel in Diamanten. Die gab es ja reichlich. Anfangs lagen sie noch einfach im Kies herum, sodass die Männer nur auf den Knien herumrutschen mussten, um die glitzernden Steinchen mittels Pinzette aufzupicken. Bereits ein Jahr nach dem ersten Fund durch Lewala war das gesamte Diamantengeschäft unter

Die Relikte aus der deutsch-kolonialen Ära dienen heute zahlreichen Filmproduktionen als glanzvolle Requisiten, und sichern Lüderitz & Kolmannskuppe die Existenz am Rande des erbarmungslosen Nichts. Oben: Museumsstücke in Kolmanskop. Rechts: Sperrgebiet.

behördlicher Kontrolle. Der Diamantenkönig Stauch zog mit einem gewissen Dr. Scheibe, der an einer deutschen Bergakademie lehrte, südlich von Lüderitz an der Küste entlang, um nach weiteren Schätzen zu suchen. Ein kleines Tal jenseits des Dünengürtels nannte er nach seiner Frau »Idatal«. Die Abenteuer Stauchs sind im Buch *Diamanten in der Wüste* nachzulesen; amüsant beschreibt die Autorin Olga Levinson, wie die zwei Diamantensucher operettenhaft ins Glück schliddern: »Währenddem Stauch sich daran machte, ihre genaue Position an der Küste auf eine Karte einzutragen, begann Scheibe, die umliegende Wüste nach Diamanten zu erforschen, ohne dass er irgend etwas von Belang gefunden hätte. Als Stauch am späten Nachmittag zurückkehrte, traf er Jacob, einen Herero-Arbeiter, der sich auf die Suche nach Holz für ein Lagerfeuer machte. Im Spaß sagte Stauch zu Jacob, dass er nicht Holz suchen solle, sondern eher Diamanten. Jacob kniete sich prompt in den Wüstensand und las händevoll Diamanten auf! Stauch kniete sich neben Jacob, um Diamanten aufzulesen, die buchstäblich über den Boden verstreut lagen. Bei der Ansicht war Scheibe vollkommen überwältigt und rief ständig aus: Ein Märchen! Ein Märchen! Er erinnerte sich später daran, dass die Diamanten wie Pflaumen unter einem Pflaumenbaum lagen. Die Stelle wurde danach unter dem Namen Märchental bekannt. Es war die reichste Ablagerung von Diamanten, die je gefunden wurde.« In 20 Monaten förderte man eine Million Karat. Einer Beschreibung zufolge war das Märchental mit Diamanten bestückt wie der Schaukasten eines Juweliers.

Vom Winde verweht

Nicht weit von Lüderitzbucht taucht auf der Grenze zum Diamanten-Sperrgebiet Kolmanskop aus dem Sand auf, eine Geisterstadt, die ihren Namen dem Afrikaaner Jani Kolman verdankt, dessen Ochsenkarren hier einst im Sand stecken blieb. Heute halb verschüttet, war Kol-

manskuppe zu Kaisers Zeiten ein deutscher Minengroßbetrieb mit rund 1000 Beschäftigten – manche Quellen berichten gar von bis zu 5000 –, mit Kegelbahn, Turnhalle, Kasino, Ballsaal und klassizistischen Prachtvillen. Während die dunkelhäutige Mehrheit der Arbeitskräfte außerhalb des Minengeländes in Baracken im Sand wohnte, konnten sich zwischen 200 und 300 Europäer auf Kolmanskuppe beinahe jeden Luxus leisten; es gab sogar eine Eisfabrik – mitten in der Wüste! Außerdem Bäckerei und Schlachterei, ab 1910 Strom aus dem eigenen Elektrizitätswerk, eine Schule und ein Krankenhaus, dem der größte Röntgenapparat der südlichen Hemisphäre zur Verfügung stand. Der sollte allerdings zunächst der Minengesellschaft dienen, denn nur per Röntgenbild ließen sich verschluckte Diamanten sicher nachweisen – und wieder herbeischaffen. Diamanten-Klau wurde zu einem ernsten Problem für die Minen-Gesellschaften: Teilweise mussten Arbeiter, so ist überliefert, sogar Knebel tragen, um zu verhindern, dass sie Diamanten verschluckten! Auch soll es speziell konstruierte Toiletten gegeben haben, um die Rückgewinnung der wertvollen Steine bewerkstelligen zu können.

Turnhalle und Kegelbahn

Für Entspannung in der Freizeit sorgten Gymnastikgruppe, Turnverein, Bibliothek, Bowlingbahn und Theater. Im Hauptgebäude von Kolmanskuppe stellt das Kolmanskop-Museum neben dem prachtvollen Interieur und kuriosen Relikten aus der Vergangenheit auch Dokumente aus wie die Kopie eines Angestelltenvertrags mit der Consolidated Diamond Mines of Southwest-Africa, Lüderitzbucht 1923, oder eine Ausgabe der Lüderitzbuchter Zeitung aus dem Jahr 1931 mit Beiträgen über die »Jagd auf Diamantenschürfer im Sperrgebiet«, »Diamantendiebstahl« oder den »Diamanten-Welthandel«. Längst ist Kolmanskop mit seinen historischen Bauten, die langsam die Wüste verschluckt, zu einem nachgefragten Drehort für Filmproduktionen geworden.

OFFROADTOUR DURCHS SPERRGEBIET

Zwischen Walvis Bay und Lüderitz liegen 600 Kilometer Wüstenstrecke auf dem Gebiet des ehemaligen »Sperrgebiets No. 2«, das beinahe ein ganzes Jahrhundert für niemanden zugänglich war – es sei denn, man hatte einen Passierschein der Diamantengesellschaft. Schier unglaubliche Dünengebiete sind auf dieser Route zu durchqueren, die Unberührtheit der Sandlandschaft. Teilstrecken führen an der Atlantikküste entlang. Nur vereinzelt finden sich Relikte vergangener Abenteuer wie hölzerne Hausruinen, halb verschüttete Ochsenwagen längst verblichener Diamantenschürfer oder »Suzy«, das Wrack eines steckengebliebenen Fords, Baujahr 1942. Zwei lizenzierte Tourunternehmen – Coastways Tours in Lüderitz (www.coastways.com.na) und Uri Adventures in Walvis Bay (ww.uriadventures.com) – dürfen das Offroad-Abenteuer »Sperrgebiet No. 2« durchführen.

WEITERE INFORMATIONEN ZU KOLMANSKUPPE UND SPERRGEBIET

Informationsbüro und Touren: deutschsprachig (Marion Schelkle) bei Lüderitz Safaris & Tours in der Bismarck Straße, ludsaf@africaonline.com.na, members.africa-adventure.org

42 Die wilden Pferde der Namib

Noch einmal tanken und Vorräte kaufen im Wüstenörtchen Aus, bevor es auf die 30 Kilometer lange Strecke zum verlassenen Bahnhof von Garub geht: Vor dem alten Bahnhofsgebäude zweigt eine beschilderte Piste zur Pferdetränke ab, wo sich die Wildpferde der Wüste ihren Wassernachschub abholen.

Charles Darwin lässt grüßen

Die wilden Pferde der Namib ziehen jedes Jahr viele Besucher an, die Namibias Süden bereisen. Die 200 bis 300 Nachkommen zweifelhafter Vorfahren leben in einem weitflächigen Sandgebiet ringsum die Wüstensiedlung Garub, rund 20 Kilometer westlich von Aus. Da es in der ariden Region wenig Niederschlag gibt, ist ein Pferdeleben dort wohl eher ein Hundeleben.

Wer Lüderitz hinter sich lässt und nach 125 Kilometern sandverwehter Wüstenstrecke in Aus hält, hat die Bedeutung des Ortsnamens in wenigen Sekunden erfasst: Hier ist nichts! Nur die desolate Weite der südlichen Namib.
Und diese winzige Ortschaft, bestehend aus einer Ansammlung pittoresker Häuser auf 1446 Metern Höhe in einer Welt voller Sand und Staub am Rand des Diamantensperrgebiets. Dessen Betreten ist immer noch strengstens verboten, was ein Phänomen besonderer Art hervorgebracht hat, nämlich die »Wüstenpferde von Garub«. An die 200 wild lebender Pferde konnten sich in der totalen Abgeschiedenheit nahe dem einzigen Wasserloch der Region, Garub, an die harten Bedingungen der Wüste anpassen, was ihnen ihren Namen eingebracht hat.
Die Spekulationen darüber, woher die beeindruckend schönen Wildpferde stammen könnten, gehen weit auseinander. Vielleicht handelte es sich um ehemalige Kavalleriepferde von Kaiser Wilhelms Schutztruppe, die 1915 angesichts der anrückenden südafrikanischen Kampfverbände freigelassen wurden, wofür eintätowierte Regimentsnummern bei früher gefangenen Pferden sprechen. Andere gehen davon aus, dass es sich um Nachkommen von Nama-Pferden handelt, die mit den einwandernden Stämmen über den Oranje-Fluss nach Namibia kamen, oder um Nachfahren von überlebenden Tieren gesunkener Schiffe, die zwischen Europa und dem Kap der Guten Hoffnung zahlreich unterwegs waren.
Weniger abenteuerlich erscheint die These, dass die knochig-ungestümen Hengste und Stuten aus der Zucht des Barons Hansheinrich von Wolf stammen, der zu Kolonialzeiten etwa 160 Kilometer nordwestlich von Garub auf Schloss Duwisib ein Gestüt betrieb. Vielleicht sind die stolzen Wilden aber auch nur die Urenkel entlaufener südafrikanischer Armeerösser, die sich am Bohrloch von Garub ihr fotogenes Stelldichein geben.
Wie auch immer: Die Wüstenpferde von Garub haben Namibia eine besondere

Attraktion beschert, die der Sperrzone Diamond Area 1 und der Consolidated Diamond Mines Company zu danken ist, deren Arbeiter frühzeitig die Besonderheit der Tiere erkannten und deshalb deren einzigen Lebensquell, das künstliche Bohrloch der Garub Pan, das eigentlich der Wasserversorgung von Dampfloks der nahen Eisenbahnlinie diente, für ihre Wild Horses offen hielten. Schon seit 1908 existieren Diamantensperrzonen – erstmalig von der deutschen Kolonialverwaltung eingerichtet –, was den Wildpferden jahrzehntelange Ungestörtheit garantierte.

Dass seit 1986 fast 400 Quadratkilometer Sperrzone an den Naturschutz zur Eingliederung an den Namib Naukluft National Park abgetreten wurden, gilt auch die Existenz der Wildpferde als gesichert. Erst recht, als es nach einer Dürreperiode einige schwache Exemplare dahinraffte und die Öffentlichkeit nach offizieller Hilfe rief. Nachdem die südafrikanische Biologin Telané Greyling sich um die Tiere bemüht hatte, setzten sich Fachleute aus Naturschutz, Tourismus und Umweltministerium zusammen, um nach einer nachhaltigen Lösung zu suchen. Im etwa 20 Kilometer entfernten Aus wurde sogar ein Infocenter eröffnet, das interessierte Besucher über Herkunft und Leben der Tiere informiert. Vier Kilometer westlich von Aus interessiert sich Piet Swieger schon lange für das Schicksal der Pferde. Der Eigner der Klein Aus Vista Lodge, die inzwischen zur Gondwana Desert Collection gehört, hat die Wüstenpferde von Garub zu seiner Lebensgrundlage gemacht und veranstaltet professionell geführte Ausflüge zum berühmten Wasserloch Garub am alten Bahnhof, die nicht ganz billig sind.

NAMIBIA FÜR FRAUEN

Von Windhoek aus bietet Time Out Ladies Travel Namibia zwei zehntägige Touren nur für Frauen an: Stationen im Süden sind das Sossusvlei, Sesriem Canyon, die Tirasberge und die Lagune von Walvis Bay. In Swakopmund ist Sightseeing und Shoppen angesagt, in Okahandja der Holzschnitzermarkt und in Windhoek der Besuch des Penduka-Frauenprojekts, das einheimische Frauen bei der Herstellung und Vermarktung von Kunsthandwerk unterstützt. Im Norden führt die Tour auf den Spuren der Himba und Ovambo zum Eingliederungsprojekt für San-Buschleute der Omibili-Stiftung, wo es auf einer Buschwanderung unter Führung der San ums Feuermachen, Fährtenlesen und Fallenstellen geht. Nach Wildbeobachtungsfahrten im Etosha National Park ist auch hier der letzte Stopp die Windhoeker Penduka-Initiative (www.ladiestravelnamibia.com und Iwanowski's Reisen www.afrika.de).

WEITERE INFORMATIONEN ZU DEN WILDEN PFERDEN

Der Gondwana Sperrgebiet-Rand Park veranstaltet Touren zu den Wildpferden: www.gondwana-sperrgebiet-rand-park.com

Aus Tourist Information Centre: ausinfo@namibhorses.com

Wanderer erwartet im hitzebrütenden Canyon eine große Herausforderung. »Nur Schauen« von den diversen Aussichtspunkten mit Panoramablick ist auch nicht schlecht, Ansichtskarten lassen sich in der Canyon Lodge des Gondwana Canyon Park auch ohne Schweißvergießen verschicken.

43 Fish River Canyon National Park

Ein Traum für Wanderer

Der Fish River Canyon National Park im äußersten Süden des Landes gehört zu den »süßesten Versuchungen« für Wanderer. Und zu den heißesten, weshalb seine berauschenden Wandertracks während der glühendsten Monate des Jahres geschlossen bleiben. Der Felsbackofen des Canyons kennt kein Erbarmen, wenn es um extreme Temperaturen geht.

Der mit 650 Kilometern längste Fluss Namibias, der Fish River, hat sich über Jahrmillionen kräftig durch waagerecht lagernde Gesteinsschichten gefressen, was den Fish River Canyon mit über 500 Metern Tiefe und 161 Kilometern Länge zum zweitgrößten der Welt nach dem Grand Canyon macht: Das Erosionstal der gewaltigen Dimensionen zählt zu den besonderen Attraktionen im gesamten südlichen Afrika. Angesichts der geringen Wassermengen muss es wohl feuchtere Zeiten als heute gegeben haben, die den Fluss zu einer so effektiven Gesteinssäge auf dem Streckenabschnitt zwischen Hochland und Ebene werden ließen. Wenn auch andere Interpretationen behaupten, der Canyon sei durch tektonische Verwerfungen entstanden, hat das Urvolk der San die plausibelste Erklärung parat: Ein riesiger Drache habe sich auf der Flucht durch die Felsen gedrückt und so die Fish-River-Schlucht hervorgebracht. Auf jeden Falls gehört heute diese Schlucht zu den Highlights von Namibia.

Berauschende Tiefblicke

Nur nach starken Regenfällen führt der Fluss nennenswert Wasser, das während der Trockenperioden zu kleineren Tümpeln zusammenschrumpft. Dann ist der Tisch für Fischreiher, Königsfischer und zahlreiche andere Wasservögel reichlich gedeckt. Erst zu Beginn der regulären Regenzeit zwischen März und April entwickelt sich ein normales Flussleben, an dem sich auch Kudus, Bergzebras, Springböcke, Oryxantilopen, Paviane und Klippspringer erfreuen. Der Hauptzugang zum Fish River Canyon National Park ist über Seeheim zu erreichen. Bei Hobas, dem Höllentor, werden all jene erwartet, die sich eine mehrtägige Wanderung durch die Schluchten zumuten wollen, wofür eine Genehmigung der Parkbehörde benötigt wird. Die Saison liegt zwischen 1. Mai und 30. September, also im namibischen Winter. Doch selbst dann steigen die Tagestemperaturen häufig auf über 40 Grad Celsius! Individuelle Tageswanderungen sind aus Sicherheitsgründen nicht zugelassen.

Zweifler, Fußfaule und meditativ veranlagte Landschaftsästheten dürfen sich über eine 25 Kilometer lange Panoramastraße am Ostrand des Canyons freuen, die ohne physische Höchstleistungen berauschende Ausblicke in die grandiosen Tiefen ermöglicht. Nur zehn Kilometer südlich von Hobas liegen die Aussichtspunkte Hiker's Viewpoint und Main Viewpoint mit dem am häufigsten fotografierten Blick auf den Canyon und auf Hell's Corner, die Teufelsecke. Für jene, die sich auf den 86 Kilometer langen Fish River Canyon Hiking Trail machen, wird es am Hiker's Viewpoint ernst. Allerdings nur, wenn sie bei Namibia Wildlife Resorts vorab ihre Bewilligung beantragt haben und ein ärztliches Attest über die körperliche Fitness vorlegen können, das nicht älter als 40 Tage sein darf. Übernachtet wird unterwegs in Zelten, das Wandergepäck ist also nicht zu unterschätzen. Umliegende Lodges bieten organisierte Touren an, Mule Trails Namibia solche auf dem Rücken von Maultieren.

Thermalbad Ais-Ais

Die Strecke folgt dem Flussbett, das sich in endlosen Schleifen Richtung Süden windet, bis nach Ais-Ais, wo Wanderer nach Tagen in felsiger Ödnis eine grünende Oase mit herrlichen Schwimmbecken erwartet. Richtig genießen lässt sich der Badeort in der kühleren Jahreszeit, denn Ais-Ais bedeutet in der Nama-Sprache »brennendes Wasser« oder auch »der Platz, der sehr heiß ist«. Damit ist das etwa 60 Grad heiße Wasser gemeint, das Ais-Ais zu einem beliebten Thermalbad macht. Es enthält Chlorid, Fluorid und Schwefel und verspricht vor allem bei rheumatischen Leiden Linderung. Ais-Ais gehört zu den südlichsten Punkten Namibias, hier mündet der Fischfluss in den Oranje.

DIE FELSWÜSTE – SNAKE COUNTRY

Man ahnt es schon – die namibischen Rangern am häufigsten gestellte Frage betrifft die Existenz von Schlangen, die hier besonders exotisch und meist giftig sind und in über 70 Arten auftreten. Zu den gefährlichsten zählen die gehörnte Puffotter, drei verschiedene Formen der Speikobra, viele Sandschlangenarten, die Grüne und die Schwarze Mamba sowie die Zebra- und die Baumschlange. Die meisten der sehr scheuen Tiere flüchten, anders die Puffotter, die merkwürdige Warnlaute von sich gibt. Schlangen lieben es heiß und felsig. Im Ernstfall sollte man sich unbedingt das Aussehen des Tieres einprägen, da die Identifizierung der Schlangenart für die Auswahl des Serums von größter Bedeutung ist. Räumlichkeiten auf unliebsame Besucher zu durchsuchen kann nie schaden. Auch Schlafsäcke, Kleidung und Schuhe sollten inspiziert werden, bevor man hineinschlüpft.

WEITERE INFORMATIONEN ZUM FISH RIVER CANYON NATIONAL PARK

Übernachtung. Ais-Ais Hot Springs Spa: www.nwr.com.na, **Fish River Lodge:** www.fishriverlodge-namibia.com, Gondwana Canyon Collection: www.gondwana-collection.com/de. **Mule Trails Namibia:** www.mule-trails-namibia.com

Die Rheinische Missionskirche in der Kaiserstraße (ganz oben) wurde 1895 erbaut und dient heute als städtisches Museum. Rund um Keetmanshoop wachsen die exotischen Köcherbäume, die schon seit 1955 unter Naturschutz stehen. Die »unzertrennlichen« Rosenköpfchen (oben) lassen sich gern darauf nieder.

44 Keetmanshoop

Zwischen Wüstenschloss und Christuskirche

Beim Grenzstädtchen Noordoewer im äußersten Süden Namibias könnte man den Orange River überqueren und nach Südafrika einreisen. Oder nach bestandenen Strapazen im Fish River Canyon auf dem 768 Kilometer langen Rückweg nach Windhoek im historischen Seeheim Hotel pausieren. Auf jeden Fall aber ist Keetmanshoop einen Zwischenstopp wert, das mit 20 000 Einwohnern für namibische Verhältnisse eine größere Stadt ist.

Der Vorsitzende der Rheinischen Missionsgesellschaft, Johann Keetman, war es, der hier 1866 eine Station errichtete, weshalb das abgelegene Städtchen ansehnliche Relikte deutscher Vergangenheit vorzeigen kann: Das Kaiserliche Postamt beispielsweise, 1910 vom Architekten Gottlieb Radecker erbaut – dem auch die lutherische Christuskirche in Windhoek zu verdanken ist –, oder die 1895 aus feinen Bruchsteinen errichtete evangelisch-lutherische Missionskirche in der Kaiserstraße, in der sich jetzt ein Museum befindet. Historische Bilder und Dokumente bezeugen, was alles einmal war.

Nationalmonument Köcherbaumwald

Zum Touristenmagnet wurde Keetmanshoop durch eine besondere Erscheinungsform namibischer Flora, die ja überhaupt zum Wundersamen neigt. Es handelt sich um den Köcherbaum (*Aloe dichotoma*), der so heißt, weil die Buschmänner gern seine Äste aushöhlten, um sie als Pfeilköcher zu nutzen, da sein Holz extrem leicht ist. Dabei ist der Kokerboom, wie er auf Afrikaans genannt wird, eigentlich gar kein Baum, sondern eine Baumaloe, hat aber einen wuchtigen Stamm von bis zu acht Metern Höhe und bildet eine unverwechselbar schöne Krone aus. Das exotische Gewächs hat sich hervorragend an die extremen Umweltbedingungen angepasst, indem es im Stamm eine Menge Wasser für trockenere Zeiten speichern kann. Ein ganzer Wald von Köcherbäumen steht unweit von Keetmanshoop unter Naturschutz. Auf der Gariganus-Farm, wenige Kilometer nordöstlich vom Stadtzentrum, kann man die bizarre und kraftvoll hochwachsende Baumaloe, deren Alter auf 200 bis 300 Jahre geschätzt wird, in ihrer schönsten Erscheinungsform bestaunen. Inzwischen ist der Köcherbaum die National-

Wie eine Filmkulisse thront Duwisib Castle in der namibischen Einöde; der prächtige Kaminofen und die Waffen an der Wand der Eingangshalle (rechte Seite) stammen aus dem 18. und 19. Jahrhundert, wie auch das Schmelenhaus von Johann Hinrich Schmelens im nahen Bethanien, das um 1814 entstand.

pflanze Namibias und der Waldbestand auf der Gariganus-Farm ist zum Nationalmonument erklärt worden.

Keetmanshoops Tankstellen lassen auf einen gewichtigen Verkehrsknotenpunkt schließen – von hier aus bewegen sich Busse in alle Richtungen, sogar bis nach Johannesburg und Kapstadt, sowie Züge, die Windhoek per Nachtexpress anbinden. Wer dorthin so schnell nicht will, geht von hier aus auf Abenteuer-Tour – in geländegängigen Fahrzeugen durch die westlichen Ausläufer der Kalahari-Wüste, die sich an Namibias Ostgrenze weit in die Nachbarländer Botswana und Südafrika hinein erstreckt. Oder in Richtung Süden. Wohl eher nicht nach Oranjemund, dem heutigen Zentrum der Diamanten, die dort hauptsächlich mit großem technischem Aufwand aus dem Meer gesaugt werden – zuweilen über zwei Millionen Karat, was einem Wert von circa 600 Millionen Euro entspricht –, weshalb das Städtchen auf touristischen Karten nicht als Reiseziel verzeichnet ist. Vielleicht aber geht es auf der Cape-Namibia-Route weiter, die in Noordoewer von der namibischen B 1 zur südafrikanischen N 7 wird und bis nach Kapstadt führt.

Geschichtsträchtiges Bethanien

Eine Reise von Keetmanshoop über Helmeringhausen Richtung Maltahöhe endet garantiert vor dem Schloss in der Wüste, zunächst aber kommt Bethanien. Der geschichtsträchtige Ort wurde als Missionsstation von einem Johannes Heinrich Schmelen gegründet und ist eine der ältesten Siedlungen des Landes. Knapp 2000 Einwohner teilen sich eine Tankstelle, eine Handvoll Geschäfte, ein Hotel und zwei Kirchen. Neben der evangelisch-lutherischen Kirche ist das Schmelen-Haus zu besichtigen, das angeblich erste von Europäern erbaute Steinhaus Namibias, ein Zeugnis der Missionsgeschichte wie auch der kleine Friedhof nebenan.

Bethanien ist zugleich der Ort, an dem der Beginn der deutschen Kolonialzeit handschriftlich besiegelt wurde: zwischen dem Nama-Häuptling Joseph Fredericks, der das Küstenareal bis zu fünf Meilen um die Lüderitzbucht 1884 an den Beauftragten des Bremer Kaufmanns Lüderitz, Heinrich Vogelsang, für 200 Gewehre und 100 Pfund Sterling – damals 10 000 Reichsmark – verkaufte. Allerdings war der Deal eine schmähliche Trickserei, denn Lüderitz berief sich später auf ein Gebiet nach dem Maß der deutschen Meile und nicht wie üblich der englischen. Was den Nama ein weit größeres Territorium abpresste als vereinbart, nämlich beinahe ihr gesamtes Siedlungsgebiet im Lüderitzer Raum.

Der Traum des Barons Hansheinrich von Wolf

Auf der Weiterfahrt taucht zwischen Helmeringshausen und Maltahöhe einer der merkwürdigsten deutschen Kolonialbauten aus dem Wüstensand auf: Schloss Duwisib, der 1909 steingewordene Traum des preußischen Artillerie-Offiziers Baron Hansheinrich von Wolf. Von Wolf verpflichtete für seine Vision eigens den Architekten Wilhelm Sander, der in Windhoek schon die Prachtstücke Schwerinsburg, Heinitzburg und Sanderburg errichtet hatte, und wünschte sich einen mittelalterlichen Rittersaal mit allem Drum und Dran, Zinnen und Türmen, gekreuzten Säbeln an den Wänden und so weiter. Fachleute aus halb Europa reisten an, um das 250 000 Goldmark schwere Monstrum nach historischen Vorlagen in die Wüste zu setzen. 20 schwer beladene Ochsenkarren schafften Material über 300 Kilometer aus Lüderitz heran. Zusätzlich erwarben der Baron und seine reiche amerikanische Ehefrau Jayta umliegende Farmen und begannen auf dem schließlich 50 000 Hektar großen Duwisib-Anwesen mit der Pferdezucht. Viel hatte der ehemalige Schutztruppen-Offizier allerdings nicht von seinem Traum. Während einer Seereise nach Europa, wo er Zuchtpferde zukaufen wollte, geriet von Wolf in die Wirren des Ersten Weltkriegs und fiel 1916 in den Schützengräben Frankreichs. Da seine Frau nicht nach Duwisib zurückkehrte, verfiel das Schloss. Die Pferde wurden schließlich freigelassen, was die Spekulation nährt, dass die wilden Wüstenpferde von Garub deren Nachkommen sein könnten. 1979 ging das Schloss in Staatsbesitz über, wurde restauriert und dient heute als illustres Museum.

NAMIBIAS PFLANZLICHE EXOTEN

Aufgrund der verschiedenen Klimazonen bringt es das Land auf ein gutes Dutzend Vegetationszonen, die zwischen sehr trocken bis extrem feucht alles bieten. Eine der bestaunenswertesten Pflanzen ist die *Welwitschia mirabilis*, eine flach am Boden wachsende Holzpflanze, die ausschließlich in der Namib vorkommt (Bild oben). Sie sucht sich einen Ort, an dem außer Sand nichts ist, und wird über 1000 Jahre alt. Von 120 namibischen Baumarten treten neben dem Köcherbaum vor allem der Kameldornbaum, die Schirmakazie und der Annabaum in Erscheinung. Im Norden bestimmen Marula, Riesenfeige, Baobab, Makalani-Palmen und verschiedene Timberholzarten das Landschaftsbild. Etwa 200 endemische Pflanzenarten hat Namibia auf seinem Territorium versammelt, der größte Teil Sukkulenten sowie Aloe- und Flechtenarten. Darunter auch der seltsame Lithops, der »lebende Stein«.

WEITERE INFORMATIONEN ZU KEETMANSHOOP

Übernachten: Gessert Guesthouse (www.natron.net/gessert), Canyon Hotel & Casino (www.canyon-namibia.com), Quivertree Forest Rest Camp (www.quivertreeforest.com). Bei Duwisib: Gästefarm Duwisib Guesthouse (www.farmduwisib.com).

In der dank großer Flussläufe wie dem Kwando River (ganz oben und rechts) wasserreichsten Region Namibias kommen Wildtiere wie das scheue Impala (oben) bis an die Lodge heran. Seinen Lunch kann man mit Nilpferden und Krokodilen teilen.

Namibias tropische Hotline

45 Der Caprivi-Streifen

Namibias geografischer Appendix

Zwischen dem Kernland Namibias und der Provinz Caprivi in der nordöstlichsten Landesecke liegen nicht nur Hunderte Kilometer, sondern auch feuchtwarme und wasserreiche Welten. Aus diesem Grund hat das flache und grüne Caprivi-Territorium faszinierende Tierparadiese aufzuweisen, die dem benachbarten Okavango-Delta in Botswana in nichts nachstehen.

Zuweilen gerät der Kwando River zu einem unüberschaubaren Gewirr aus Wasserarmen, was eine Bootsafari zu den großen Wildtieren erst richtig abenteuerlich macht. Die gewaltige Wasserader des Kwando wird weiter südlich zum Linyanti und dann zum Chobe River.

Die vegetationsstrotzende Caprivi-Wildnis ist Georg Leo Graf von Caprivi de Caprera de Montecuccoli zu verdanken, der im Auftrag von Kaiser Wilhelm II. einen 460 Kilometer langen und zwischen 30 und 90 Kilometer breiten Korridor von den Briten erhandelte. Das Kuriosum aus dem Helgoland-Sansibar-Vertrag vom 1. Juli 1890 verpasste dem ehemaligen Deutsch-Südwest kartografisch einen überdimensionalen Blinddarm, der es mit Deutsch-Ostafrika, dem heutigen Tansania, verbinden sollte. »Insgeheim«, schreibt der Afrika-Experte Peter Scholl-Latour zu dieser geopolitischen Konstruktion, »hegte Kaiser Wilhelm II. zu jener Zeit wohl die grandiose Utopie einer Ausweitung Deutsch-Zentral-Afrikas unter Einschluss des Kongos König Leopolds II. sowie weiter Teile der portugiesischen Besitzungen Angola und Mosambik, die er mit Eduard VII. von England aufteilen wollte. So ist denn der Caprivi-Zipfel als heutiger Besitz der Republik Namibia erhalten geblieben. Wie ein Symbol überheblicher Imperial-Politik, wie ein mahnend ausgestreckter Finger ragt er nach Osten und richtet sich auf das Herz Afrikas.«

Freie Fahrt zu den Victoriafällen

Immerhin verschafft der kaiserlich-ambitionierte Kolonialstreifen mit Grenzen zu Angola, Botswana, Sambia und Simbabwe den Namibiern heute freie Fahrt bis zu den Victoriafällen. Optisch tritt das 11 534 Quadratkilometer große Territorium auf namibischen Landkarten kaum in Erscheinung, weil der kuriose Appendix aufgrund seiner länglich-schmalen Gestalt im Verhältnis zum Kernland auf keine Landkarte passt. Bequemer als früher lässt sich die Strecke auf dem seit 1998 durchgehend geteerten Trans-Caprivi-Highway erfahren, auch wenn die mehrheitlich flachen Landschaften der Eintönigkeit Raum geben. Der Caprivi fällt in die tropische Klimazone, bei hohen Temperaturen ist es häufig schwülwarm. Die heißeste Zeit liegt zwischen September und November mit

Mit Büffeln ist nicht zu spaßen: Die aggressiven Fleischkolosse können selbst Löwen auf die Bäume treiben! Flusspferde und Krokodile machen eine Flusssafari im Mokoro zu einer riskanten Angelegenheit. Oben Mitte: Idylle in der Ntwala Island Lodge. Rechte Seite unten: Die Popa Falls am Kavango River.

Temperaturen bis 35 Grad Celsius. Während der Regenzeit zwischen Dezember und März ist mit hohen Niederschlägen zu rechnen, was den Caprivi zur wasserreichsten Region des gesamten Landes macht und – wie Spötter gern anmerken – zu Namibias einzigem Grünstreifen. Auf jeden Fall ist hier »die Stimme Afrikas« beheimatet, der Schreiseeadler.

Tropische Zone

Darin liegt seine Attraktion: Aus dem Hochland Angolas kommend, wälzen sich die Fluten des Okavango (Kavango), des Kwando (der streckenweise auch Linyanti und Chobe River heißt) sowie des mächtigen Sambesi durch den für namibische Verhältnisse sehr feuchten Streifen, was nicht nur Malariamücken begünstigt – weshalb eine Malaria-Prophylaxe für den Caprivi zu empfehlen ist –, sondern auch Wildtiere vom »Allerfeinsten« anlockt. Da es zwischen den einzelnen Schutzgebieten der Region keine Einzäunungen gibt, können die Tiere ungehindert auf Wanderschaft gehen, was für Caprivi wundersam profitabel ist: Südlich seiner Grenze, auf botswanischer Seite, breiten sich mit dem Okavango-Delta und dem Chobe National Park zwei der wildreichsten Gebiete unseres Planeten aus.

Im westlichen Teil befindet sich rund zweieinhalb Fahrstunden östlich von Rundu eines der landschaftlichen Highlights des Caprivi, die Popa Falls, wobei es sich nicht um spektakulär abstürzende Wassermassen handelt, sondern »nur« um Stromschnellen an einer Stelle, wo der Okavango ein mehrere Meter hohes Felsriff durchbricht. Der hier liegende Campingplatz kann als einer der schönsten des Caprivi bezeichnet werden.

Namibias Okavango-Delta

Nach den Popa Falls folgen mit den Schutzgebieten Mahango Game Reserv,

Mudumu und Mamili National Park sowie dem Caprivi Game Park die Perlen des Caprivi. Ihre Feuchtgebiete beherbergen Flusspferde und Krokodile, Hunderte von Vogelarten und natürlich die »Big Five«. Im Gegensatz zu den ariden Landesteilen Namibias explodiert hier die Flora: Wasser und Weidegründe existieren im Überfluss, imposante Papyrusstauden und bildschöne Galeriewälder säumen malerische Flussufer. Mitten in der Wildnis verstecken sich Dschungelherbergen als luxuriöse Beobachtungsposten an den Ufern des Kwando River, der im Westen den wasserreichen Mudumo National Park begrenzt und sich nicht weit von den großen Brüdern Sambesi und Okavango seinen Weg durch exotische Feuchtgebiete bahnt. Die winzigen und kaum auszumachenden Inseln der Zivilisation sind behutsam in die Natur eingepasst. Wasservögel, Krokodile und Großwild tummeln sich in unmittelbarer Nähe. Tagsüber macht ein unüberschaubares Gewirr von Wasserarmen die Tierbeobachtung per Boot zum Standardprogramm.

Endstation Sehnsucht

Die Beobachtung zu Wasser gibt den zusätzlichen Kick, sich auf gleicher Augenhöhe mit den Wildtieren zu bewegen, was besonders spannend wird, wenn sich die Boote dicht an argwöhnisch blickenden Flusspferdfamilien vorbeischieben und nahe sechs Meter langen, an den Uferböschungen reglos verharrenden Krokodilen auf Fotoposition gehen. Das Versorgungs- und Provinzhauptstädtchen Katima Mulilo am Zambesi River empfängt Reisende am Ende der Strecke mit Einrichtungen wie Flugplatz, Krankenhaus, Banken, Post und Supermärkten sowie schönen Lodges an den Ufern des Flusses, dem längsten und vielleicht aufregendsten im südlichen Afrika. Wer von hier weiter zu den Victoriafällen möchte, überquert in Ngoma (Caprivi) die Brücke über den Chobe River, fährt bis nach Kasane (Botswana) und von dort weiter nach Victoria Falls (Simbabwe). Die Stadt Livingstone (140 000-Einwohner) ist von Katima Mulilo aus über den Grenzübergang Wenela zu erreichen.

REISEN IM CAPRIVI-STREIFEN

Wer abseits des Caprivi-Highways in die wilde Natur vordringen will, sollte das nur mit Offroad-Ausrüstung und Expeditionserfahrung tun – am sichersten unter kundiger Führung. In der Regenzeit zwischen Januar und März versinken die Pisten schnell im Schlamm, zwischen September und November wird es brütend heiß. Der Mamili National Park ist Caprivis größtes Feuchtgebiet, da geht zeitweise ohne Boot nichts mehr. Expeditionsvorbereitung oder organisierte Touren übernehmen die Caprivi-Experten Frank Krystofiak von Nambozi Tours & Travel (www.natron.net/nambozi) und Keith Rooken-Smith, Namibia Caprivi River Lodge (www.capriviriverlodge.net). Southern Cross Safaris sowie Sundbird Tours sind länderübergreifend in Botswana, Sambia und Namibia unterwegs (www.southern-cross-safaris.com.na, www.sunbird-tours.com), Caprivi Car Hire ist Spezialist für Campingurlaub (www.caprivicarhire.com).

WEITERE INFORMATIONEN ZUM CAPRIVI-STREIFEN

Den alternativen Game Drive bietet die **Caprivi Houseboat Safaris** in Katima Mulilo mit Hausbooten für jeweils vier Personen an, ein ausgefallenes Abenteuer: www.caprivihouseboatsafaris.com

In der Divava Okavango Lodge & Spa kann man bei jeder Mahlzeit Dschungelduft atmen und sich auf einer bequemen Flusssafari eins mit der Natur fühlen.

46 Divava Okavango Lodge and Spa

Wellness & Wildlife

Nur wenige Hundert Meter von den Popa-Fällen entfernt hat sich zwischen dichtem Bewuchs unter majestätischen Baumkronen die Divava Okavango Lodge & Spa etabliert. Alle 25 Chalets dürfen sich »Rooms with a view« nennen – mit einer Aussicht auf den Kavango River, der aus dem angolanischen Hochland kommt und jenseits der botswanischen Grenze das Okavango-Delta formt. Zwischen Sauna, Dampfbad und physiotherapeutischen Anwendungen lassen sich in der Divava Okavango Lodge auch exotische Vogelarten beobachten, schließlich ist der Caprivi Namibias tropischer Grünstreifen, der einen exotischen Artenreichtum hervorbringt. Auch die Flora treibt hier saftige Blüten. Während einer entspannenden Rückenmassage vom Trompeten eines nahen Elefantenbullen in physische und psychische Vibration versetzt zu werden, gehört offiziell nicht zur Behandlung. Bootsafaris zu Krokodilen und Flusspferden stehen auf dem Programm sowie Game Drives in der nahe gelegenen Mahango Game Reserve. Wenn Wetter und Wasserstand dagegen sind, kann man zwischen Buschbar und Pool entspannt und stilecht auf die nächste Anwendung im Spa-Bereich warten (www.leadinglodges.com).

47 Lianshulu Lodge

Wilderness Safaris Caprivi-Ableger

Mitten im Kwando-River-Areal hat sich auf einem privaten Konzessionsgebiet des Mudumu National Park mit der Lianshulu Lodge der Caprivi-Ableger von Wilderness Safaris versteckt. Ihre zehn reetgedeckten Bungalows zwischen schattigen Jackalberry- und Mangosteen-Bäumen erfreuen sich einer herrlichen Flusslage. Drumherum breitet sich eine atemberaubende Landschaft aus Wald und Sumpf aus – mit den weiten Wasserflächen dieses Wetland-Ökosystems zelebriert Namibia sein eigenes kleines Okavango-Delta. Natürlich ist hier das Grunzen der Hippos und das Klatschen der Krokodile, die nachts geräuschvoll nach Beute schnappen, ebenso im Preis inbegriffen wie Game-Safaris per Boot, Vogelbeobachtungen, Buschwanderungen, Sunset Cruises sowie Fahrten mit dem Mokoro, dem landestypischen Einbaum. Bei Besuchen des nahe gelegenen Lizauli Traditional Village können Teilnehmer Sitten und Gebräuche der in dieser Region lebenden Menschen kennenlernen: Die Tourismus-Initiative hat es sich nämlich zur Aufgabe gemacht, die hier lebende Bevölkerung auf der Basis eines nachhaltigen und existenzsichernden Umweltschutzes am Tourismus teilhaben zu lassen (www.wilderness-safaris.com).

Prachtvolles Out-of-Afrika-Ambiente bietet die Lianshulu Logde: Das Dinner wird von Tierstimmen musikalisch untermalt, und auf einer Bootsfahrt verschmelzen Himmel, Wasser und Erde.

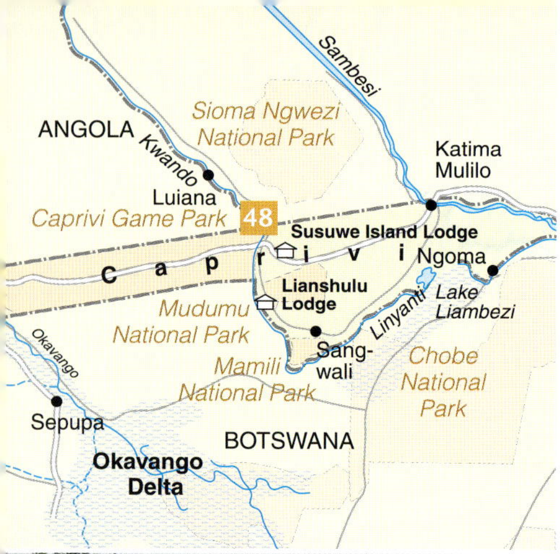

48 Susuwe Island Lodge

Luxus am Kwando River

Die luxuriöse Susuwe Island Lodge im Bwabwata National Park versteckt sich im dichten Uferbewuchs des Kwando River, der sich hier im Verein mit Sambesi und Kavango seinen Weg durch die üppigen Feuchtgebiete des Caprivi bahnt. Das unüberschaubare Gewirr von Wasserarmen, die der Kwando zuweilen bildet, macht eine Bootsafari zu einem unvergesslichen Erlebnis. Prickelnde Gefühle stellen sich ein, wenn es an argwöhnisch blickenden Hippos vorbeigeht, weil mit den so friedlich wirkenden Flusspferden im Ernstfall nicht zu spaßen ist: Die prustenden Fleischberge gehören zu den gefährlichsten Wildtieren, wenn sie sich gereizt fühlen. Ornithologische Touren sind da wesentlich harmloser – das Susuwe-Paradies bevölkern rund 300 Vogelarten. Da es nur sechs Luxussuiten gibt, sind individuelles Genießen und Ruhe garantiert – die nur nachts dann und wann unterbrochen wird vom Brüllen eines Löwen oder eines Leoparden. Oder vom Krachen der Zweige, wenn Elefanten und Büffel sich durchs dichte Gehölz schieben (www.islandsinafrica.com).

Komfortable Game Drives, Bootstouren und romantische Luxussuiten in der Susuwe Island Lodge machen den »Traum von Afrika« wahr.

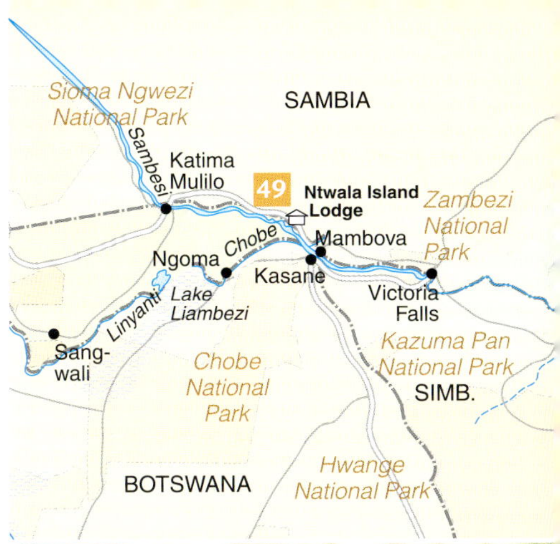

49 Ntwala Island Lodge

Berauschend: An den Mambova-Stromschnellen

Im äußersten Osten des Caprivi-Streifens, wo die mächtigen Flüsse Sambesi und Chobe zusammenfließen, liegt auf einer kleinen Inselgruppe die atemberaubend schöne Ntwala Island Lodge. Nur 70 Kilometer sind es von hier bis zu den Victoriafällen flussabwärts. Das besondere Ambiente der Lodge lässt sich nicht nur mit ihrer Traumlage begründen, sondern vor allem mit dem Gefühl absoluter Exklusivität: Es gibt nur vier ultraluxuriöse Chalets mit jeweils eigenem Pool sowie einer hölzernen Aussichtsplattform mit Blick auf die glitzernden Wasserflächen, die unmittelbar angrenzen. Jeder der Suiten steht ein eigenes Boot mit Bootsführer zur Verfügung, was eine Safari im Chobe National Park zu einem spontanen Erlebnis macht: Mit beinahe 100 000 Dickhäutern versammelt sich hier eine der größten Elefantenpopulationen der Welt! Die herrlichen weißen Sandbuchten, die sich da und dort im Gewirr der Wasserarme zeigen, sind oftmals schon besetzt – durch bis zu sechs Meter lange Krokodile. Von Ntwala aus werden auch Rundflüge zu den Victoriafällen sowie zu den Flüssen Chobe und Sambesi durchgeführt (www.islandsinafrica.com).

Von der Aussichtsterrasse der Ntwala Island Lodge aus, mitten im Mudumu National Park, kann man die Wildnis gelassen an sich vorbeiziehen lassen.

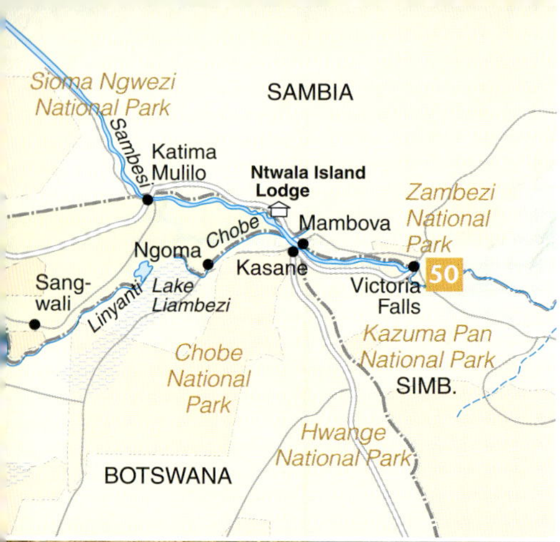

Erst aus der Vogelperspektive eines Rundflugs wird der gewaltige Grabenbruch deutlich, der sich dem Verlauf des Sambesi entgegenstellt: Dessen Wassermassen gehen in diesem einzigartigen Naturschauspiel nonstop in die Tiefe, was seit anderthalb Jahrhunderten Besucher aus aller Welt anzieht.

50 Endstation Sehnsucht – Victoriafälle

Der Traum von David Livingstone

Wer auf dem Trans-Caprivi-Highway unterwegs ist, hat nicht nur exotisches Wildlife an mit Schilf bewachsenen Wasserarmen im Sinn, sondern auch die Endstation: Irgendwann, nach endlosen Distanzen, wird ein Donnern und Rauschen anheben, jedenfalls in der Fantasie. Wer in entgegengesetzter Richtung unterwegs ist, hat die faszinierendsten Wasserfälle der Welt bereits hinter sich.

Auch für den Entdecker des Naturwunders, David Livingstone, war die Anreise ungewöhnlich. Damals, im Jahr 1855, als es noch keine Highways in Afrika gab. Per Boot schaukelte der britische Naturforscher den Sambesi herunter. Plötzlich tauchten in der Ferne gewaltige Nebelschwaden auf, und ein immer lauter werdendes, donnerndes Geräusch war zu vernehmen. Später notierte Livingstone, dass die Makololo die Fälle »Mosi-oa-tunja« nannten, was so viel bedeutet wie »donnernder Rauch«. Die durcheinanderwirbelnden Wassermassen erzeugen eine Sprühwolke, die bis zu anderthalb Kilometer in den Himmel aufsteigen können und noch aus 40 Kilometern Entfernung zu sehen sind.

Zu Ehren seiner Königin im fernen London benannte Livingstone seine Entdeckung »Victoria Falls«. Gut anderthalb Jahrhunderte später geht auf dem modernen Airport der Stadt mit 140 000 Einwohnern, die heute seinen Namen trägt, großes Fluggerät nieder. Die Sammler von Weltwundern aus allen Winkeln des Globus, die hier im schnellen Takt landen, werden sich zunächst wundern, weshalb sie sich mitten in Afrika in einem halben Dutzend Warteschlangen vor sechs Einreiseschaltern wiederfinden. Schon lange sind die Fälle ein beliebtes Ziel für Afrika-Reisende, sie waren schon zu Kolonialzeiten als Attraktion bekannt und wurden viel besucht. Inzwischen wird das Naturwunder auf der Grenze der ehemaligen britischen Besitzungen Süd- und Nordrhodesien (Simbabwe bzw. Sambia) mittels einer hervorragend ausgebauten Infrastruktur in Form von Hotels, Lodges und Gästehäusern, Reiseagenturen, Charter-Airlines und »Just-for-Fun«-Anbietern professionell vermarktet.

Und natürlich ist das ganz große Thema das Wasser des Sambesi, das hier in allen Variationen hautnah zu erleben ist.

Die »M.V. Makumbi« wartet in Livingstone vor der Lodge The Waterfront (oben) auf Fahrgäste. Adrenalinsüchtige erleben die »Falls« lieber im Bungee-Fall oder vom Schlauchboot aus in den Stromschnellen des Sambesi. Die Portiers des simbabwischen Victoria Falls Hotel bleiben stets gelassen (rechts oben).

»High Tea« auf Livingstone Island

Ganz oben auf der Liste der Angebote stehen Flüge über die Fälle im Doppeldecker oder im Hubschrauber. Auf jeden Fall auch ein »High Tea«-Picknick auf Livingstone Island, weil sich von dem felsigen Inselchen, das nur einen Steinwurf vor dem Abgrund der Fälle liegt, bis kurz vor die Abbruchkante der Wassermassen waten lässt, um sich den ultimativsten Kick und das allerspektakulärste Foto zum Vorzeigen daheim zu verschaffen. Besucher sollten gegen das viele Nass gut gewappnet sein, denn je nach Wasserstand geht die herumsprühende Feuchtigkeit durch und durch: Über 5000 Kubikmeter Wasser rauschen während der Regenzeit zwischen März und Mai pro Sekunde in die Tiefe! Die echten Adrenalin-Angebote sind Bungeespringen von der Victoria-Brücke, Abseiling in der Batoka Gorge, Wildwasser-Rafting zwischen den von oben herabstürzenden Wassermassen und wilde Speedboot-Trips durch die tosenden Schluchten. Dagegen nehmen sich Aktivitäten wie Kanu- oder Kajak-Exkursionen auf dem Oberen Sambesi, Flussfahrten auf der »Victoria Queen«, Jeepsafaris, Quadbiken, Golfen, Angeln und Elefantenreiten fast schon zu harmlos aus.

Aus gehobener Perspektive

Wer in einer kleinen Cessna anreist und einen gutgelaunten Piloten erwischt hat, der wird seinen Sightseeingflug bereits im Anflug erleben: Ein lang gezogener, schmaler Grabenbruch zeigt sich in einer ansonsten flachen Landschaft, weiße Kaskaden stürzen über seine Ränder in tiefe Schluchten, Mosi-oa-Tunya schwebt als Sprühnebelwolke über dem Naturwunder wie über kochenden Geysiren – nur vom Donnern ist in der brummenden Cessna nichts zu hören. Ganz sicher kommt die Victoria Bridge, Baujahr 1904, in Sicht, mit ihrem fragilen Spannwerk über der Sambesi-Schlucht, die Simbabwe und Sambia verbindet. Aus der Vogelperspektive zeigt sich auch das Flaggschiff aller Top-Class-Kolonialherbergen Afrikas, das legendäre Hotel Victoria Falls. Trotz der Wirren im Land beweist »Vic Falls« immer noch Größe. In der Eingangshalle begrüßen großflächige Porträts von Queen Mary und His Majesty King Georg V. Natürlich behauptet das simbabwische Victoria Falls, einen viel attraktiveren Blick auf die Fälle zu haben als das sambische Livingstone auf der anderen Seite. Weshalb sich eine ganze Reihe nobler Herbergen findet wie The Kingdom of Victoria Falls, das Elephant Hill Intercontinental Resort, die altkoloniale Ilala Lodge und die exklusivste von allen, die Victoria Falls Safari Lodge. Allerdings hat der simbabwische Touristenort aufgrund der wahnwitzigen Politik Mugabes einen Großteil des Geschäfts ans sambische Livingstone abtreten müssen, das sich entsprechend rasant entwickelt. Die erstklassigen Herbergen sind dort das »Zambesi Sun« und das »Royal Livingstone«, feine Domizile am Ufer des Sambesi. Letzteres, in Sichtweite der aufsteigenden Wasserschwaden, ist zwar nur wenige Jahre alt, transportiert aber mit livriertem Dienstpersonal, lasziv kreisenden Deckenventilatoren und exklusiver Preisgestaltung das koloniale Ambiente vergangener Zeiten. Was auch auf den

noblen River Club des Lodge-Spezialisten Wilderness Safaris zutrifft, der allerdings rund 20 Kilometer flussaufwärts residiert. Neben einer Vielzahl anspruchsvoller Hotels und Lodges haben sich auch preiswertere Unterkünfte etabliert. Eine davon ist »The Waterfront«, eine ansprechende River-Lodge, die neben der Anlegestelle des Flussdampfers »Victoria Queen« mit einer lockeren Atmosphäre aus reetgedeckten Gästehäusern, Coffee-Shop und Restaurant vor allem jüngeres Traveller-Publikum anspricht.

Stanleys Vermächtnis

Auf einer Anhöhe über Livingstone hat sich die Stanley Safari Lodge den Namen desjenigen zu eigen gemacht, der sich 1871 als Reporter des *New York Herald* von Sansibar aus mit 200 Trägern auf den Weg machte, um den verschollenen Livingstone in der unerforschten afrikanischen Wildnis zu suchen, Henry Morton Stanley.

Die eingängig klingenden Namen der beiden Afrika-Legenden sind ein Glück für Safariunternehmen, Hotels und Tour-Unternehmen, die entweder den einen oder den anderen in ihrem Firmennamen haben. Oder beide zugleich wie das feine »The Stanley & Livingstone in Victoria Falls« zeigt. Wenn zum Abschied Milliarden feiner Wasserpartikel die berühmten schillernden Regenbögen von Vic Falls herbeizaubern, die sich häufig über die wild bewachsenen Felsschluchten spannen, wird jedem Abreisenden klar: Hier war auf keinen Fall der Weg das Ziel.

REISEN INS LICHT DER FÜNF-STERNE

Zu den Fünf-Sterne-Luxusherbergen rund um die Victoriafälle gelangt man am schnellsten von Johannesburg aus mit South African Airways nach Livingstone oder ab Windhoek mit Air Namibia nach Victoria Falls. Mühsamer funktioniert das über den Caprivi-Highway via Chobe-Brücke in Ngoma bis nach Kasane in Botswana und von dort weiter nach Victoria Falls, oder über den Grenzübergang Wenela bei Katima Mulilo nach Livingstone (www.suninternational.de). The River Club (www.wilderness-safaris.com), Stanley Safari Lodge (www.StanleySafaris.com). In Victoria Falls/Simbabwe: The Victoria Falls Hotel (www.lhw.com), The Stanley & Livingstone at Victoria Falls (www.raniresorts.com).

WEITERE INFORMATIONEN ZU DEN VIKTORIAFÄLLEN

Pauschalarrangements sowie detaillierte Beratung zu Kombi-Reisen mit weiteren Zielen im südlichen Afrika beim Spezialveranstalter **Abendsonne Afrika,** www.abendsonneafrika.de

Das Überschwemmungsgebiet des Kwando River im Bwabwata National Park, Caprivi-Region, ist die mit Abstand wasserreichste Region Namibias.

In der Okahirongo Elephant Lodge bei Purros im Kaokoveld steht alles im Zeichen der Dickhäuter (ganz oben). Die Himba in der Kunene-Region leben noch wie in uralten Zeiten (Mitte). Ein Sturm über der Namib ist ein einmaliges Schauspiel (oben).

Register

Orts- und Sachregister

Ais-Ais 28, 137
Aloe Trail 24
Amboland 74
Auas Mountains 24, 34, 63
Aub River 115
Aus 117, 122, 134 f.

Batoka Gorge 154
Bethanien 140
Big Daddy 114
Bogenfels 130
Boma 59
Brandberg 30, 60
Bwabwata National Park 150, 156

Cafema Mountains 84
Cape Cross 98 f.
Cape Cross Seal Reserve 99
Caprivi 14, 52, 58, 77, 147
Caprivi Game Park 147
Chobe National Park 151
Chobe River 144, 147, 151
Crocodile Trail 79

Daan Vijloen Game Park 34
Damara 26, 58, 75, 77
Dead Vlei 14, 114 f., 125
Desert Express 16
Diamantensperrgebiet 130
Durissa Bay 91
Duwisib Castle 117

Ekuma 56
Elefantenberg 49
Enyandi 81
Epupa Trails 79
Erongo-Gebirge 34, 36, 38, 42
Eros Mountains 24, 34
Etosha 9, 12, 33, 46, 56, 74, 77

Fahle Kuppen 62, 74
Fish River 136
Fish River Canyon 9, 12, 17, 32, 122, 124, 125, 136, 137 138

Gamsberg 62, 116
Garub 124, 134
Garub Pan 135
Giraffenberge 72, 74
Gondwana Canyon Park 122
Gondwana Kalahari Park 122
Gondwana Namib Park 122
Gondwana Sperrgebiet-Rand Park 122
Gräberberg 63
Grootkarasberge 63
Gross Barmen 35
Großherzog-Friedrich-Berg 63
Grünau 63
Guinas Lake 49

Halali 28
Hardap 28
Hartmannberge 75, 84
Hartmanns Valley Airstrip 80
Hartmannstal 84
Hell's Corner 137
Helmeringhausen 140
Henties Bay 68, 98
Herero 14, 26, 35 f., 46, 74 f.
Hermannstal 49
Hiker's Viewpoint 137
Himba 70, 74 f., 82, 135, 158
Hoarusib 94
Hoarusib River 76, 95
Hobas 136
Hohenstein 30, 62
Hohental 49
Huinab River 91

Idatal 132

Johannesburg 140
Joubert-Pass 79

Kachira Trail 79
Kaiser-Wilhelm-Berg 63
Kalahari 14, 122, 140
Kaokoveld (Kaokoland) 9, 12, 30, 72, 74, 77, 82, 85, 97
Kap der Guten Hoffnung 129, 134
Kapstadt 140
Karibib 62
Karoo 122, 124
Katima Mulilo 28, 147
Katutura 26
Kavango 26
Keetmanshoop 28, 126
Khomas Mountains 24, 34
Khorixas 28, 58, 64
Khowarib Gorge 78
Khumib 94
Kolmanskuppe 130, 133
Kranzberg 32, 39, 63
Kuiseb Pass 116
Kunene 14, 30, 72, 78, 81
Kunene River 75, 82, 107
Kupferberg Pass 116
Kwando River 16, 142, 144, 146, 150

Linyanti 144
Livingstone 154
Louw Schoeman 96
Lüderitz 28, 32, 48, 148

Mahango Game Reserve 146, 148
Maherero 36
Main Viewpoint 137
Maltahöhe 140
Mambova-Stromschnellen 151
Mamili National Park 146
Märchental 130
Marienfluss Valley (Marienflusstal) 80, 84
Mariental 16, 32, 115, 122
Messum-Krater 62
Mile 28, 72, 91, 108
Möwe Bay 91, 96
Mudumu 146
Mudumu National Park 147, 151
Mugabes 154
Mule Trails Namibia 137
Muramba Bushman Trails 49

Nama 14, 26, 75, 141
Namib 16, 32, 108, 112, 135
Namib Naukluft Park 16, 63, 119
Namib Rand Reserve 63, 117, 122
Namutoni 28, 56
Naukluftgebirge 63, 116 f., 122
Ngoma 147

Okahandja 33, 70, 135
Okalongo 58
Okaukeujo 28
Okavango 56, 146
Okongwati 79
Omaheke-Wüste 48
Onaanda 58
Ondangwa 28, 58
Ongongo Fälle 78
Ongulumbashe 58
Ongwediva 58
Opuwo 30, 72, 74, 79

Oranje River 14, 107, 129 f., 138
Oranjemund 28, 129, 140
Orgelpfeifen 66
Oshakati 58
Oshigambo 56
Otavi-Dreieck 52
Otjikoto Lake 49
Otjiwarongo 33
Ovambo 26, 56, 75, 77, 135

Palmwag 28, 30, 68, 78
Pelican Point 109
Pomona 130
Popa Falls 28, 146
Purros-Tal 14, 76

Rehobother Baster 75
Remshoogte-Pass 117
Rocky Point 94
Rovos Rail 16
Ruacana-Fälle 81
Rundu 28

Sambesi 146, 147, 151, 154
San 39, 48, 75, 135 f.
Sarusas-Mine 94
Schroffenstein 63
Schumannsthal 49
Seeheim 136
Seits 49
Sesfontein 28, 30, 72, 76, 78
Sesriem 28, 117, 122, 125,
Sesriem Canyon 135
Shongololo Express 16
Skeleton Coast 28, 74, 77, 76, 92, 96
Skelettküste 8, 51, 91
Solitaire 117
Sossusvlei 32, 114, 116, 119, 135
Sperrgebiet Nationalpark 63
Sperrzone Diamond Area 1 135
Spitzkoppe 34, 36, 60, 62
Streetshoogte Pass 116
Südafrikanische Union 108
Swakopmund 8, 14, 28, 32 f., 42, 68, 91, 114, 135
SWAPO 27
Sweet Thorn Trail 35

Terrace Bay 28
The Falling Dunes 112
Torra Bay 68
Trans-Caprivi Highway 152
TransNamib 46
Tsauchab River 115, 119, 125
Tsisab-Schlucht 62
Tsumeb 36, 46, 48
Tswana 75
Twyfelfontein 58 f., 64, 67

Ugab River 67, 91
Uniab River 68

Van-Zyl's Pass 74
Verbrannter Berg 66 f.
Versteinerter Wald 59, 66 f.
Victoriafälle 147, 154 f.
Vingerklip 64

Walvis Bay 14, 28, 90, 102, 108, 114 f., 135
Waterberg-Region 16, 50
Waterkloof-Wanderweg 117
Wenela 147
Windhoek 18 ff.
Wlotzkasbaken 98
Wolwedans-Reservat 12

Zebraberge 75, 80, 84

Personenregister

Afrikaner, Jan Jonker 20, 36
Auguste Viktoria 22

Bause, Walter 128
Biesemann, Marco 31
Botha, Louis 49
Busch, Otto 22

Cao, Diogo 99
Caprivi de Caprera de Montecuccoli, Georg Leo Graf von 144

Diaz, Bartholomeu 97, 108, 129

Ertl, Otto 129

Fredericks, Joseph 140

George, Götz 100
Gruettemeyer, Jockel 85

Hartmann, Georg 12, 52, 82, 84, 97

Kaiser Wilhelm II. 22, 126, 135, 144
König, Eduard VII 144
König, Leopold II 144
Krieger, Gaby 31
Krug, Manfred 100
Krüss, James 12

Leutwein, Theodor 46, 112
Levinson, Olga 132
Lewala, Zacharias 130
Lindequist, Friedrich von 56
Livingstones, David 152
Lüderitz, Alfred 126

Martan, Phillip 30
Meissner, Hans-Otto 88, 90, 97
Moritz, Prof.Dr Eduard 112

Nujoma, Sam 26, 103

Onassis, Aristoteles 100

Radecker, Gottlieb 20, 138
Raith, Beate 23
Raith, Jürgen 23
Reed, Oliver 100
Reinhardt, Oswald 128
Roets, Christo 30
Rooyen, Elsa van 30

Sachs, Gunther 100
Sander, Wilhelm 23, 140
Scholl-Latour, Peter 26
Seck, Dr Peter von 40
Stanley, Henry Morton 155
Stauch, August 130

Trotha, Lothar von 15, 46

Vogelsang, Heinrich 140
Voigts, Stephan 31
Wolf, Heinrich von 141

Wülfing, Walther 108, 126

Nur mit Allradantrieb kann man die Dünen der Skelettküste bewältigen (ganz oben). Swakopmund bietet Palmen, Jugendstil und Nordsee-Feeling (Mitte). Reiche Beute machen die Fischer am Sambesi in der Caprivi-Region (oben).

Die Salzwüste im Sossusvlei ist von surrealer Schönheit (ganz oben). Im Ethosha National Park gibt es mehr Zebrastreifen als in allen deutschen Großstädten zusammen (Mitte). Ein sicheres Fahrzeug und ein guter Fahrer in den namibischen Wüstenregionen sind Gold wert (oben).

Impressum

Unser komplettes Programm:
www.bruckmann.de

Produktmanagement: Susanne Kaufmann, Dr. Birgit Kneip
Graphische Gestaltung: graphitecture, Rosenheim
Kartografie: Astrid Fischer-Leitl, München
Herstellung: Bettina Schippel
Repro: Repro Ludwig, Zell am See
Printed in Italy by Printer Trento

Alle Angaben dieses Bandes wurden von den Autoren sorgfältig recherchiert und vom Verlag auf Stimmigkeit und Aktualität geprüft. Allerdings kann keine Haftung für die Richtigkeit der Informationen übernommen werden. Für Hinweise und Anregungen sind wir dankbar. Zuschriften an: Bruckmann Verlag, Produktmanagement, Postfach 400209, 80702 München. E-Mail: lektorat@bruckmann.de

Umschlag vorne: oben: Sossusflei; Mitte: Köcherbäume; unten: Giraffen in der Etosha-Salzpfanne; hinten, v.l.n.r: Himba-Frau; Divava Lodge, Caprivi; Wüstenelefanten, Etosha; linke Klappe: Sossusvlei; rechte Klappe: Swakopmund; Vorsatz: Sossusflei; Seite 5: Oryxantilope, Namib-Naukluft National Park. Seite 6/7: Namib Rand Nature Reserve; Nachsatz: Wüstenelefant.

Bildnachweis
© **Christian Heeb:** S. 2/3, 6/7, 8 (g.o., M.), 9, 13, 14 (3), 15, 16 (g.o., großes Bild), 17 (große Bilder), 21, 24 (o.M.), 27 (g.o.), 29, 30 (M.), 32 (2), 33 (u.), 44 (M.), 46 (2), 47, 54 (o.), 56 (M.), 57 (2), 58 (2), 59 (2), 60 (2), 61, 62 (g.u., M.), 63 (o), 66 (M.,o., rechts), 70 (3), 70/71, 72 (2), 73, 74 (3), 75 (2), 76 (o.), 77 (u.), 78 (rechts u.), 79 (M.), 80 (o.), 81 (rechts o.), 82 (2), 83, 84 (4), 85 (2), 86 (3), 86/87, 88 (M.), 89, 90 (M.), 92 (2), 93, 94 (g.o., M., o.), 95 (2), 97 (2), 100 (o.), 106 (o.), 114 (g.o., o., rechts), 115 (u.), 117 (u.), 120 (o.), 121 (u.), 122, 124 (g.o., o., rechts), 128 (o.), 129 (o.), 130 (o.), 131, 132 (g.o.,M.), 133 (2), 134 (M.), 135 (o.), 137 (2), 138 (o.), 140 (g.o., M., o.), 141 (u.), 142 (3), 142/143, 144 (2), 144/145, (146 (4). 147 (2), 148 (3),. 149 (3), 150 (3), 151 (u.links, M.), 156/157, 158 (3), 159 (g.o., o.), 160 (M., o.), 162/163. © **Roland F. Karl:** S. 16, 18 (u.), 23 (o.), 26 (o), 27 (groß), 28 (o.M.), 30 (g.o., o.), 31 (2), 33 (o.), 35 (o.), 37 (3), 38 (o.), 39 (g.u.), 40 (2), 41, 42 (3), 43, 48(o.), 50 (o.), 53 (o.), 54 (M.), 56 (g.o.), 63 (u.), 64 (2), 67 (o), 68 (2), 69 (o), 76 (M.), 77 (o.), 80 (M., rechts u.), 88 (o.), 91 (o.), 94 (rechts), 96 (2), 98 (o.), 99 (o.), 103 (o.), 105 (u.), 106 (M.), 107 (o.), 112 (o.), 115 (o.), 118 (M.), 119 (2), 125 (o.), 128 (M.), 130 (M.), 132 (o.), 151 (rechts unten), 152 (o.), 154 (g.o., o.), 155 (o.), 159 (M.). © **Look:** Umschlag vorne (3); S. 5, 8, 9 (g.o., U.), 13, 14 (g. o.), 16, 17 (o.), 18 (g.o., M.), 18/19, 20, 23 (groß), 24, 25 (2), 26 (o.M.), 28 (o.), 34 (2), 35 (u.), 44 (g.o., o.), 44/45, 49 (o.), 50 (o.), 51 (2), 55, 56 (o.), 62 (g.o.), 66, 67 (u.), 78, 79 (links u., o.), 81 (M., links u.), 90 (g.o., o.), 91 (u.), 98 (M.), 99 (u.), 100 (g.o.), 101, 102 (g.o., o.), 105 (o.), 107 (u.), 110 (3), 110/111, 112 (M.), 113, 118 (o.), 120 (M.), 121 (o.), 122, 123 (2), 124 (M.), 126 (M.), 128 (g.o.), 129 (u.), 132 (M. rechts), 135 (u.), 136 (2), 139, 151 (o.), 152 (M.), 153, 154 (M.), 155 (u.),160 (g.o.). © **Roland Manders:** S. 78. © **Panoramio:** S. 104. © **Michael Paskevicius:** S. 38 (M.). © **Picture alliance/dpa:** S. 20, 22, 36 (3), 38 (u.), 39 (M.), 48 (g.o., M.), 49 (u.), 52 (2), 53 (u.), 62 (rechts), 65, 69 (u.), 78 (o.), 102 (rechts), 103 (u.), 108 (2), 109 (2), 116 (2), 117 (o.), 125 (u.), 126 (o.), 127, 134 (o.), 138 (g.o.), 140 (o.), 141. © **Thomas Schoch:** S. 114 (M.)

Der Autor bedankt sich für die kompetente Unterstützung durch:

Abendsonne Afrika · Exclusive Travel Choice · Wildernes Safaris

Die Deutsche Nationalbibliothek verzeichnet diese Publikation in der deutschen Nationalbibliografie; detaillierte bibliografische Daten sind im Internet über http://dnb-nb.de abrufbar.

ISBN 978-3-7654-5143-0

In gleicher Reihe erschienen...

ISBN 978-3-7654-5437-0

ISBN 978-3-7654-4889-8

ISBN 978-3-7654-4828-7

ISBN 978-3-7654-5154-6

ISBN 978-3-7654-4817-1

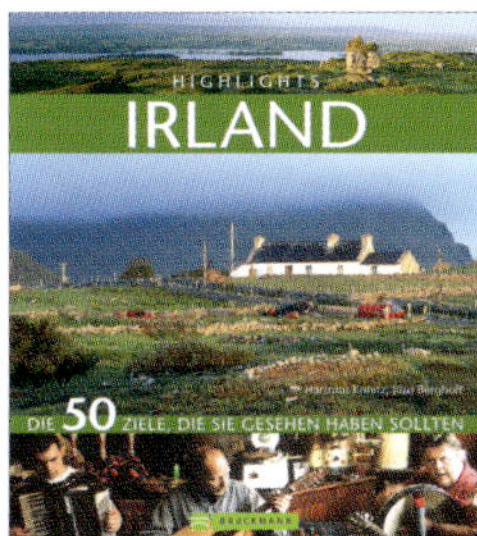

ISBN 978-3-7654-5214-7

ISBN 978-3-7654-4617-7

ISBN 978-3-7654-5426-4

ISBN 978-3-7654-4760-0

ISBN 978-3-7654-4869-0

ISBN 978-3-7654-4750-1

ISBN 978-3-7654-4827-0

ISBN 978-3-7654-4973-4

ISBN 978-3-7654-4748-8

ISBN 978-3-7654-4749-5

ISBN 978-3-7654-4604-7

BRUCKMANN

www.bruckmann.de